技術と経営を守る「知財」のしくみ

日本を活気づける
特許取得へ！

芳野理之
Yoshino Michiyuki

Clover
クローバー出版

目次

第3章　特許権を取得するプロセス～知財の基礎知識～

はじめに

世界の中で日本の技術力の低下がささやかれています。

経済力についても、日本のドル換算での名目ＧＤＰは、２０２３年にドイツを下回って４位に転落しました。

残念ながら、現在の日本の技術力は、米国（特に巨大ＩＴ企業ＧＡＦＡＭ）の技術力には到底敵わず、気づけば中国の技術力にも追い抜かれてしまい、米国および中国などの技術先進国の技術力から周回遅れの状況であるとも言われています。

技術力に関する指標のひとつに特許出願件数があります。

特許出願件数の推移を見ると、世界の特許出願件数は増加傾向にある一方で、日本の特許出願件数は減少傾向にあります。

これに対して、特許出願をしても技術力が向上するわけではなく、経済力が向上するわけでもないという考え方があります。

しかし、特許出願は、世界で未だ公開されていない技術を企業が守り抜いていく戦略のひとつであり、自社の技術を誰にも邪魔されずに実現・実施するという意気込みの現れです。国家が領土・領海・領空について主権を有するのと同様に、企業は、自社の技術について特許出願をして特許権（企業の技術的主権）を取得し、自社の技術力の範囲（縄張り）を守り抜く意気込みを見せる必要があります！　つまり、特許出願および特許権取得は、自社の技術を断固として守り抜く魂の現れであり、まさに企業の生き様そのものです！

特許出願は、たとえ間接的であっても、技術力の向上および経済力の向上につながると信じています。

日本の技術力の低下がささやかれ、日本の特許出願件数が減少傾向にある中、日本の企業の技術を守り抜くために奮闘している人達がいます。それは、研究部、設計部および知的財産部などの技術系の現場で働く人達です。

なお、研究職と設計職とは厳密には互いに異なりますが、本書では、研究部と設計部とをまとめて「開発部」と称することがあります。また、研究者と設計者とをまとめて「開発者」と称することがあります。

私は、現在、特許事務所において弁理士の業務に従事していますが、特許業界に足を踏み入れる前、企業において設計の業務に従事していました。

今こそ、開発部および知的財産部で働く人達の魂を日本中に伝え、開発部および知的財産部で働くことの素晴らしさを日本中に伝えたい。また、日本の技術を守り抜くことの大切さを理系の学生に伝えたい。これにより、技術系の人達をはじめ、日本中に躍動感（ワクワク感）を与え、日本が技術大国・技術先進国に復活するためのきっかけを作りたい。

このような思いから、筆を執りました。

第1章では、設計者として技術系の現場で私が経験した実務のエピソードを紹介しています。設計者のエピソードには、今から20年以上前のエピソードも含まれていま す。そのため、本書を執筆中の２０２４年を基準にして判断すると、コンプライアンス違反に該当しそうなエピソードおよび今の時代に即していないエピソードもありますが、設計者の魂および熱意を感じ取っていただきたいため、当時の設計者の現実を忠実に記載しました。また、これからの日本の技術を支える理系の学生（特に大学生）にも日本の技術について考えて欲しいため、第1章では、私が設計者の頃に経験したエピソードだけではなく、私が大学生の頃に経験したエピソードも紹介しています。

第2章では、私が設計者を辞めて特許業界に足を踏み入れ、弁理士を目指そうと思ったきっかけのエピソードを含めて、特許技術者・弁理士になって経験したエピソードを紹介しています。知的財産部および開発部など、日本企業において技術系に携わる方々のプロ意識の高さや発明に対する情熱についても紹介しています。

第3章では、開発から特許権を取得するまでの「知財の基礎知識」を説明しています。そもそも、知的財産や特許法とは、何なのか？　特許権を取得するためには、どのような手続が必要なのか？　特許権を取得するために押さえておくべきポイントは何なのか？　などについても説明しています。

第4章では、特許出願をする目的・メリットおよび特許権を取得する目的・メリットを説明しています。特許出願をする目的・メリットは、特許権を取得する目的・メリットと同義ではありません！　また、特許出願の時期と先行技術調査の程度とのバランスについても説明しています。知財活動・知財戦略の中で、特許出願の時期は、とても重要です。

第5章では、知財活動・知財戦略から日本の技術力の再建を目指すために、私の熱い思いをまとめました。具体的には、特許出願の「量（数）」と「質」について。発明者および知的財産部担当者の士気について。これからの日本の技術力を守り抜くための知財活動・知財戦略について、です。

さあ、今から、日本技術の現実世界へみなさまをお連れします。

今こそ、日本の技術力について真剣に考え、日本を活気にあふれる国にしましょう！

第1章 設計者のリアル

第1章　設計者のリアル

大学では、どんな勉強に熱中できていますか？

かつての私は塾講師およびテニスコーチのアルバイトに明け暮れ、勉強に熱中するような大学時代を過ごしたわけではありませんが、それでも将来は設計者としてモノづくりに携わり「自分が設計した製品で世の中をあっと驚かせたい」という夢を抱いていました。

「理系学生はオタク気質が多い」「花がない」など巷では言われていますが、私はそんな大学生に向けて熱く期待をしております。

第1章では、これからの日本の技術を支える理系の学生（特に大学生）にも日本の技術について考えて欲しいため、私が設計者の頃に経験したエピソードだけではなく、私が大学生の頃に経験したエピソードも紹介します。

1-1　心を震わせた言葉：大学生（工学部機械工学科の学生）

私が通っていた大学の教授が、講義中に、日本の工業に関する次のような話をしてくださいました。

「第二次世界大戦の前、日本の製造業を支えていた工業は、繊維工業などの軽工業でした。しかし、第二次世界大戦により、繊維工業などの軽工業は、衰退していきました。

第二次世界大戦中から第二次世界大戦が終結して暫くの間、日本の製造業を支えていた工業は、鉄鋼工業などの重工業でした。しかし、時代の流れとともに、鉄鋼工業は、日本の製造業を支える力を失っていきました。

その後、今まで日本の製造業を支えてきた工業は、自動車工業です。しかし、石油が数十年後に枯渇すると言われている状況で、自動車工業は、日本の製造業を支えていけるでしょうか。もしかすると、今が頭打ちかもしれません。

「では、これからの日本の製造業を支えていく工業は、何だと思いますか？」

この話は、１９９５年〜１９９６年頃、今から約30年前の話です。マイクロソフト社が「Microsoft Windows 95」を１９９５年に発売し、パソコン業界に大きな衝撃を与えた頃の話です。

前記の問いが教授から学生に投げかけられた後、ある学生が手を挙げて発言しました。「ＩＴ（Information Technology：情報技術）に関する工業が、これからの日本の製造業を支えていくと思います。」

そうすると、教授は、次のように話しました。

「君、鋭いね、素晴らしい考えを持っているね。

でも、現在、日本のＩＴに関する技術力は、アメリカのＩＴに関する技術力に遠く及びません。果たして、日本のＩＴに関する工業は、世界と戦って勝ち抜き、これからの日本の製造業を支えていけるでしょうか。日本のＩＴに関する工業がこれからの日本の製造業を支えていけるほどの力を持つことは、難しいように思います。

他の意見を持っている人はいませんか？　これからの日本の製造業を支えていく工業は、何だと思いますか？」

再び、同じ問いが教授から学生に投げかけられた後、学生は、沈黙です。誰も手を挙げず、何も言えません。私も、色々と考えましたが思いつかず、何も言えませんでした。

そうすると、教授は、再び話し始めました。

「これからの日本の製造業を支えていく工業は、未だありません。これからの日本の製造業を支えていく工業が何なのか？　誰にも予想できず、誰にも分かりません。それでは、大学生の皆さん！　どうしますか？　これからの日本の製造業を支えていく工業を見通すことができない中、あなた達はどうしますか？

それを考えるのが、『あなた達』です！　これからの日本の製造業を支えていく工業を考え、作り上げていくのは、あなた達です！　これからの日本を支えていくのは、あなた達ですよ！」

このときの教授の言葉は、約30年が経過した今でも忘れることができません。また、教授の言葉を聞いたときに抱いた血の騒ぎ・高揚感を今でもはっきりと覚えています。

今の理系の大学生も、私と同様に、このような血の騒ぎ・高揚感を抱いて欲しいし、抱いてくれると信じています。

その後、私は、大学工学部から大学院工学研究科に進学し、大学院工学研究科を修了した後、大手総合電機メーカに設計者として入社しました。

1-2 理想と現実：設計者（大手総合電機メーカの社員）

入社1～2年目の頃

私は、液晶プロジェクタの設計部の中で機構設計に関する部署に配属され、ランプから出射した光を投射レンズに導く「光学エンジン」と呼ばれる構造体の設計に携わりました。

液晶プロジェクタとは、画像や映像を大型スクリーンなどに投射する装置のことです。液晶プロジェクタは会議やプレゼンテーションで使用されることがあるため、液晶プロジェクタを見たり触ったりしたことのある人は多いと思います。

設計者というと、製図などのデスクワークを主な業務として仕事をしているイメージがあると思いますが、現実は全く違います。設計者は、多くの時間を実験室や試作室などの現場で過ごし、「実験計画を立てる↓実験を実行する↓測定・データ取得をする→検討・改善をして次の実験計画を立てる」のPDCAサイクルを、手足を動かしながら絶えず繰り返しています。設計者の仕事は、華やかなイメージがあると思いますが、現実にはかなり泥臭いです。

例えば、製品の輸送状態を想定し、様々な熱環境試験を実施します。夏場に赤道直下を通る船の甲板にあるコンテナの温度は、非常に高温になります。そのため、高温の環境試験槽に製品を長時間放置し、製品性能が設計仕様を満たすか否かを確認する高温試験を行うことがあります。

また、冬場の夜間、船の甲板にあるコンテナの温度は、非常に低温になります。そのため、低温の環境試験槽に製品を長時間放置し、製品性能が設計仕様を満たすか否かを確認する低温試験を行うことがあります。

さらに、高温・高湿の環境試験槽に製品を長時間放置し、製品性能が設計仕様を満たすか否かを確認する高温高湿試験を行うことがあります。

環境試験槽の大きさは様々ですが、人が入室できるほど大きな部屋を持つ環境試験槽があります。基本的に、製品性能が設計仕様を満たすか否かの確認は、熱環境試験槽が終了し製品を環境試験槽から取り出した後に行いますが、製品が各熱環境下でどのような動作をしているのかを確認することがあります。

そこで、夏場に高温の環境試験槽や高温・高湿の環境試験槽に入って製品の動作を確認し、必要なデータを取得することがあります。真夏日であっても、環境試験槽の外に出ると「外の方が涼しい」と思えるほど、環境試験槽の中は暑いです（笑）。

また、冬場に、低温の環境試験槽に入って製品の動作を確認し、必要なデータを取得することがあります。真冬日であっても、環境試験槽の外に出ると「外の方が暖かい」と思えるほど、環境試験槽の中は寒いです（笑）。

また、製品の使用状態を想定し、塵埃試験を実施します。

塵埃が舞っている塵埃試験槽に入って、フィルタの目詰まり状態を確認したり、投射レンズから出射した光の照度を計測したりして、必要なデータを取得することがあります。

塵埃試験槽に入るときには、ゴーグルおよびマスクを装着しますが、それでも、帰宅して鼻をかむと、通常の鼻汁とはとても思えない色の鼻汁が出てきます（笑）。また、シャワーを浴びると、通常の湯とはとても思えない色の湯が排水口に向かって流れていきます（笑）。

髪がギシギシになり、手櫛なんて通りません（笑）。

このように、設計者の仕事は、現実にはかなり泥臭く、過酷なときもあります。そして、一連の実験・検討の結果を得ると、検討報告書を作成し、実験・検討の結果および今後実施する予定の実験計画等を上司に報告します。デスクワークの時間は、検討報告書を作成したり部品の公差計算をしたりするときなど、限られたときだけです。

私が新入社員の頃には、検討報告書を何度提出しても上司の承認を得ることができませんでした。私を教育指導してくださった指導員が、近くの通路を通りかかった課長相当職の上司に話しかけ、「○○さん、この検討報告書は芳野くんが書いたものですけど、理解できますか？」と大声で聞くと、その課長相当職の上司は、通路を早歩きで歩きながら私が作成した検討報告書を見もせずに「理解できな～い。」と大声で答えるのです。

つまり、検討報告書を確認しなくても、「芳野が作成した検討報告書なんて理解できるはずがない。承認できる検討報告書なんて、芳野が作成できるはずがない。」ということを言われているのです。

それでも、私は、幸いにも新入社員の頃から、新機種の設計業務に携わらせていただきました。

しかし、新入社員である当時の私が、思うように部品の設計をできるはずもなく、設計仕様を満足する部品を設計できないことも多かったです。そのため、朝早くから夜中まで仕事をすることは当たり前で、徹夜をして家に帰ることができない日も多々ありました。

私は、新入社員の頃に今の妻と婚約し、実家のある福岡県久留米市で結婚式を挙げることになりました。

当時、今のようなオンライン会議システムは普及していなかったため、結婚式の打ち合わせは、久留米市にある結婚式場で行われました。関係部署の方々に迷惑をかけるわけにはいきませんので、基本的に土曜日・日曜日に結婚式の打ち合わせを設定しました。

当時の職場は神奈川県横浜市にありましたので、打ち合わせ当日に飛行機に乗って羽田空港から福岡空港に向かいます。私が予め上司に「結婚式の打ち合わせが今週土曜日の午後にありますので、今週土曜日は午前中から休みます。」というと、その上司が私に「そんなことは、奥さんに任せておけば良いんだよ！　お前は、結婚式の打ち合わせに出席する必要なんかないんだよ！」というのです。もちろん、土曜日は、会社の休日です（笑）。

また、あるとき、私が予め上司に「今週土曜日に栃木県で友人の結婚式がありますので、今週土曜日は午前中から休みます。」というと、その上司が私に「お前は友人の結婚式なんかに出席しなくてもいいんだよ！　お前が結婚式に出席しないからといって、その友人は死ぬわけじゃないんだよ！　いつだって、その友人に会えるよ！　そのときに『結婚おめでとう』と伝えればいいんだよ！」というのです。もちろん、土曜日は、会社の休日です（笑）。

こんな感じですので、私の妻は、「今度生まれ変わっても、あなたの会社の人とは絶対に結婚しない。」と言っていました（笑）。

このように大変な新入社員の頃を過ごしましたが、それでも、私が初めて設計業務に携わった新機種の製品が世の中に出たときには、本当に嬉しくて感動しました。

なぜなら、泥臭く手足を動かし、私の脳で考え抜いて設計した部品が搭載された製品が、世の中に出たわけですから。今まで世の中に存在しなかった部品が、その製品に搭載されているわけです。感動しないはずがありません。

朝早くから夜中まで、あるときには一睡もせず徹夜をしてまで、考えて考え抜き、実験に実験を重ね、検討報告書を跳ね返されても絶対に諦めず、泥臭くてもただひたすら設計者として頑張ってきたことが報われた瞬間でした。

当時は、液晶テレビやプラズマテレビなどの薄型テレビを今から普及させていこうという時代であり、地上波デジタル放送も未だ始まっていない時代です。大型テレビは夢のようなテレビで、32型テレビでさえも当時は大型テレビの部類です。

そんな中、液晶プロジェクタは、大型スクリーンなどに映像を投影すれば、70型以上の画面を投影できます。投射距離を確保できれば、１００型の画面の投影も夢ではありません。これに伴い、「ホームシアター」の機運が高まっていった時代でもありました。5・1chの音響設備も徐々に普及し始め、ますます「ホームシアター」の機運が高まっていきました。映画館で映画を鑑賞する体験を、自宅で疑似体験できるのです。ワクワクが止まらない頃でした。まさに、設計という仕事は、夢を売る仕事だと思いました。

入社3～4年目の頃

私は、入社３年目以降も、新機種の設計業務に携わらせていただきました。

当時、私が勤務していた会社は、持ち運び可能な小型の液晶プロジェクタを得意としていました。私も、小型の液晶プロジェクタの新機種の設計を担当しました。本当に感謝の気持ちでいっぱいです。

また、その新機種の設計時期とほとんど同じ時期に、私は、家庭向け（主にホームシアター用）の液晶プロジェクタの新機種の設計業務にも携わらせていただきました。

当時、液晶プロジェクタといえば、ほとんどが会議室などで使用される業務用です。業務用の液晶プロジェクタを家庭のリビングなどで楽しむ人もいましたが、それは、あくまでも業務用の液晶プロジェクタを無理矢理にリビングで使用しているようなものです。

そんな中、主にホームシアターをターゲットにした家庭用の液晶プロジェクタの開発がスタートしたのです。ワクワクが止まりません。

地上波デジタル放送が開始されたことに伴い、画面比率（アスペクト比）は、それまでの4：3から16：9が主流になりつつありました。開発がスタートした家庭用の液晶プロジェクタの画面比率も、16：9です。新機種の開発のスタートは、ホームシアターの本格的な幕開けでした。

しかし、ワクワクしたのも束の間、私は、大失態をおかしてしまいます。

「光学エンジン」の機構設計グループで決まった方針とはいえ、私は、液晶パネルの固定構造についてかなりのチャレンジをしました。今までにない液晶パネルの固定構造を採用したのです。

もちろん、前述した通り、実験に実験を重ね、検討に検討を重ねました。開発過程においては、量産開始前に何度も何度も試作が行われます。試作ラインだけではなく、実際の量産ラインを使用した試作も行われます。量産ラインを使用した試作は、量産試作などと呼ばれ、量産前の最終段階です。すべての試作において、製品仕様を満足する性能を確保できていました。

しかし、いざ量産が始まると、製品仕様を満たさない、すなわち出荷性能を満足できない不良品が量産ラインの品質管理ブースの脇にあっという間に積み上げられていきます。不良の原因は、様々ですが、ほとんど私が設計した液晶パネルの固定構造に起因するものです。

量産ラインを止めると、1時間あたり数千万円の損失が生じます。自動車などの部品点数の多い機械では、量産ラインを止めると、1時間あたり数億円の損失が生じるとも言われています。

現場監督の工場課長は、「この状況をどうするんだ！」と怒り心頭です。工場課長は、量産ラインを指揮監督する立場の方ですから、怒り心頭するのは至極当然のことです。

設計者というと、製造現場の方々に色々な指示を出すような強い立場にいる人というイメージがあると思いますが、実態は真逆です。設計者は、製造現場の方々には頭が上がらず、現場監督の工場課長に対してはほとんどひれ伏すような極めて弱い立場にいます。ほとんど恐怖です（笑）。

「絶対にラインを止めるな！」と言う設計部の上司がほとんどでしたが、中には「ラインを止める勇気を持つことも大事だ。」と言う設計部の上司もいました。

しかし、工場課長に「ラインを止めてください。」なんて恐ろしくて口が裂けても言えません。

不良品が溜まっていきましたが、それでも、量産ラインはなんとか流れました。「なんとか流れました」という言い方よりも、工場の方々の努力で「なんとか流していただいた」という言い方が正しいと思います。

その間、工場課長を含め現場の管理者の方々と、各部署の設計者と、が会議室に集まってミーティングを行いました。そのミーティングにおいて、私は、ほとんど吊し上げです。不良の原因のほとんどは、私が設計した液晶パネルの固定構造に起因するわけですから。もう、集中砲火の格好の的です。誰も助けてくれません。私は、「すぐに原因を究明し、不良が発生しないよう対策をします！」と誠意を示し、設計部の上司と連絡を取りつつ、工場に残って原因究明に当たりました。

設計部は、前述した通り、神奈川県横浜市にあります。工場は、岐阜県美濃加茂市にあります。工場課長は、「液晶パネルの固定構造に起因する不良がなくなるまで、絶対に横浜に帰るな！」と言います。当然といえば、当然です。不良品が量産ラインの品質管理ブースの脇にあっという間に積み上げられるほどの大失態をおかしたわけですから、私は何も言えません。

それから、毎日毎日、その日の製造が終了した後も、夜遅くまで工場に残って原因究明に当たり、工場の近くのホテルに帰ってからは朝方までデータの分析です。しかし、なかなか原因を究明できず、対策を施すこともできませんでした。

そうすると、工場課長はとうとうしびれを切らし、「お前なんか横浜に帰れ！　もう二度と工場に来るな！　お前が工場に来るとろくなことはない！」とまた怒り心頭です。

つまり、私は、工場から出入り禁止を食らいました。

私は、すっかり落ち込んだまま岐阜県の工場を離れ、神奈川県の設計部の事務所に向かう新幹線の中で一連の経緯を携帯電話で上司に話し、「工場課長から『お前なんか横浜に帰れ！　もう二度と工場に来るな！』と言われたので、今、新幹線に乗って新横浜駅に向かっています。」と伝えました。

そうすると、上司は、「お前は何を勝手に帰ってきているんだ！　今すぐ工場に戻れ！　お前は、機構設計の代表者として量産の立ち会いに行ったんだろ！」と怒っています。本来であれば、私は、工場を出る前あるいは工場を出た後すぐに、設計部の事務所に電話をかけて一連の経緯を上司に説明するべきでしたが、すっかり落ち込んでしまい正常な判断力を失っていました。

そうすると、電話口の後ろの方から「芳野にはもう無理だよ。一旦、横浜に帰らせようよ。もう限界だよ。」という別の上司のささやく声が聞こえてきました。私は、涙も出てきませんでした。まさに、大失態です。上司は、私に期待してくださっていて、私が一人で乗り越えなければならない壁だということで、私に任せてくださっていたようです。

しかし、今思うと、あのときはやはり限界だったように思います……。

工場から出入り禁止を食らったとはいえ、私が設計した液晶パネルの固定構造に起因する不良が続いているわけですから、私が原因究明と対策を行うしかありません。逃げるわけにはいきません。

それから、私は、上司と一緒に、月曜日の朝早くに新幹線で移動して工場に入り、土曜日の夜遅くまで原因究明と対策に追われました。つまり、月曜日から土曜日までは、工場の近くのホテルに宿泊です。日曜日の午前中の新幹線で自宅に戻り、半日ほどの休暇を取った後、また月曜日の朝早くに新幹線で移動して工場に入っていました。設計部の事務所に顔を出す時間さえありません。

このような生活が４ヶ月間程度続きました。そのため、会社の後輩から「芳野さんが生きているのかどうかさえ分かりません。」と揶揄されました（笑）。ホテルに宿泊したままで自宅に戻らず、工場での原因究明と対策に専念した方が良かったのではないかと思えるほど忙しかったのですが、今思えば、「たとえ半日であっても、芳野を自宅に戻した方が良い。」という上司の配慮があったのだろうと思います。

そのような状況の中、妻がとうとう限界になりました。妻は、家庭のことを放置し仕事漬けの私に怒り心頭です。当然といえば、当然です。

妻の主張を理解しつつも、私もとうとう限界になりました。仕事では集中砲火を浴び、家に帰っても妻から罵声を浴び、私も限界です。

「俺だけが悪いのか！　そんなに俺が悪いのか！　俺だって、一生懸命やっているんだよ！　世の中の人々に喜んでもらおうと思って頑張っているんだよ！　俺だけがそんなに批判されないといけないのか！」と叫び、せっかく妻が用意してくれた晩ごはんが載ったテーブルを蹴り飛ばしてしまいました。晩ごはんとお皿が部屋中に散乱する有様です。

この状況に、妻は泣きじゃくっています。

もう二人とも限界です。

付け加えておくと、今となっては、妻は、私の良き理解者です。

もう限界だと思っていた頃、不良の原因究明と対策を一生懸命に進めている私を見たからなのか、少しずつ私を助けてくださる方々が増えていきました。上司はもちろんのこと、他の部署の方々、工場の方々も、私を助け、私にアドバイスをくださるようになっていきました。

そして、量産が始まって不良品が溜まっていった頃から約半年が経過する頃、不良の原因究明と対策がほぼ完了し、私が設計した液晶パネルの固定構造に起因する不良は、ほとんどなくなりました。

不良品を大量に発生させてしまった新機種の設計時期とほとんど同じ時期に設計開発が進んでいた家庭用の液晶プロジェクタにおいて、私は、形状や大きさが違うとはいえ同様の液晶パネルの固定構造を採用していました。そのため、家庭用の液晶プロジェクタについても同じ対策を施し、不良品の大量発生を抑えました。

製品は、企画・設計などの開発からスタートし、工場で生産され、物流や販売店などを経て、最終的に購入者（ユーザ）に渡っていきます。そのため、設計者とユーザとの距離は遠く、ユーザの声が設計者の耳に入ってくることはほとんどありませんでした。また、私は、設計業務に追われ、周りのことが見えず、本来であれば目や耳を向けるべきユーザのことに目や耳を向ける余裕すらありませんでした。

そんなとき、ある書類が設計部に回覧されました。その書類は、家庭用の液晶プロジェクタを購入してくださったユーザからの声をまとめたものでした。多くのユーザの声が、その書類に記載されています。そのうちの一つに、以下のような年配者の声が記載されていました。

「私は、ずいぶん歳を取ってしまい、一人で歩くことも思うようにできない不自由な状態になりました。映画鑑賞が大好きで、若い頃には、年間100本以上の映画を映画館で鑑賞していました。思い出の映画がたくさんあります。しかし、今となっては、一人で映画館に行くことができず、これといった楽しみがない毎日を過ごしています。

そんなとき、貴社の家庭用の液晶プロジェクタを見つけ、購入しました。大型スクリーンに投影された大画面の映画を自宅で手軽に楽しむことができるので、とても気に入っています。映画館に行くことができなくても、この液晶プロジェクタがあれば、また若い頃のように、たくさんの映画を大画面で鑑賞できます。この歳になって、また一つ楽しみが増えました。

本当にありがとうございました。」

この年配者の声を書類の中で見たとき、私は、泣きそうでした。どんなに苦しくても、ただひたすら前だけを見て設計者として頑張ってきたことが報われた瞬間でした。「設計者になって本当に良かった。少なからず世の中の役に立てたのではないか。」と思えた瞬間でした。

入社5~6年目の頃

入社5~6年目になった頃、液晶プロジェクタが中国の工場で製造されることが増えていきました。中国の工場で製造する主な理由は、製造コストの削減です。当時の相場では、中国の工場で働く中国人の人件費は、日本の工場で働く日本人の人件費の約10分の1です。各技術分野のメーカが、中国の工場での製造に向けて、どんどん中国に進出していきました。

中国進出の当初、日本人の設計者が設計した部品を日本の製造業者が日本で製造し、検品を日本で行った上で、中国の工場に輸送していました。そして、中国の工場に輸送された部品を用いて、中国の工場のラインで組み立てて製品化します。

しかし、簡単な話に聞こえますが、これが大変なのです。

まず、輸送された部品が中国の工場に届いていなかったり、中国の工場に届いているはずの部品が見つからなかったりします。もちろん、物流の記録は残っていますが、それでも部品がどこにあるのか分からないのです。

私は中国語を話せないので通訳者を介して部品倉庫の中国人の担当者に部品の場所を聞くと、「その番号の部品は、まだ届いていない。」と言います。「そんなはずはない。この番号の部品は、確かに工場に入ってきているはずだ。」と言うと、「いや、その番号の部品は、まだ届いていない。」と言い張ります。

通訳者が「別の担当者に聞いてみましょう。」と言うので、同じ部品倉庫の別の中国人の担当者に部品の場所を聞くと、「その番号の部品は、向こうの棚にあります。」と言うのです。「やっぱり、部品は届いているじゃないか。」と安心するのも束の間、その別の中国人の担当者に連れられて行った棚にその部品はありません。

「さっき、『その番号の部品は、向こうの棚にあります。』と言いましたよね？」と聞くと、その担当者は、「確かにありました。あったはずですが……向こうにいる別の担当者に確認してみます。」と言います。そして、その担当者に連れられて行くと、そこに居た担当者は、「いや、その番号の部品は、まだ届いていない。」と言い張った担当者です。

通訳者が気を利かせてくれて、「二人の担当者に話し合ってもらいましょう。」と言い、「あなた（担当者Ａさん）は、『その番号の部品は、まだ届いていない。』と言うし、あなた（担当者Ｂさん）は、『その番号の部品は、向こうの棚にあった。』と言うし、一体どういうことなのか二人で話し合ってください。」と部品倉庫の中国人の担当者二人に話してくださいました。

そうすると、二人の口喧嘩が勃発しました。待てど待てど、二人の口喧嘩が収まる気配はありません。もう、わけが分かりません。

私は中国語を聞き取ることができないので、通訳者が「今、担当者Aさんは、〇〇だと言っています。それに対して、担当者Bさんは、△△だと言っています。要は、責任を擦り付け合っている状況ですね。」と日本語で実況をしてくださいました。

待てど待てど、二人の口喧嘩が収まる気配は全くありません。

そこで、私が「もう、分かった分かった。一旦、落ち着いて。」と仲裁に入り、通訳者も私の言葉を中国人の担当者二人に通訳してくださいました。

そうすると、その中国人の担当者二人は、「じゃあ、もういいのね？　良かった。」と言って去っていきました。

完全に根負けしたというか、はめられたというか、騙されたというか……もう、本当にわけが分かりません。一つの部品も部品倉庫で見つからないまま午前中が終わることも珍しくありませんでした。

中国に進出してからしばらくすると、日本人の設計者が設計した部品を中国の製造業者が中国で製造するようになりました。そして、中国の製造業者が中国の工場に輸送します。すなわち、現地調達です。

しかし、簡単な話に聞こえますが、これが大変なのです。検品をすると、部品が図面通りに製造されていません。中国では、輸送の途中で部品に力が加わって曲がったのではないかと思えるほど、図面とはかけ離れた部品が届くこともありました。

私が、プレス部品を運んできた製造業者に対して「このプレス部品は、明らかに図面の寸法公差を満足していませんよね？」と聞くと、その製造業者は、「おう、大丈夫大丈夫！　こうすれば図面の寸法公差を満足するよ！」と言って、プレス部品を手で曲げるのです。そして、「ほら、大丈夫！」と言います。

もう、信じられないし、わけが分かりません。液晶プロジェクタの部品の中には、1／100㎜のオーダの精度が求められることがあります。そのくらい高い精度を求められるプレス部品を手で曲げて「ほら、大丈夫！」なんて言うことが信じられません。絶句とは、このことです。

当時、工場の質についても、部品の品質についても、すべてにおいて、日本の品質の高さを痛感しました。当時、技術系に携わる日本人の真面目さ、プロ意識、製造業にかける熱意など、すべてにおいて、日本人の意識は中国人の意識と比較して桁違いに高いと痛感しました。メイド・イン・ジャパンのすごさを、改めて痛感した瞬間でした。

当時、私が勤務していた会社において、液晶プロジェクタを製造する中国の工場は、2か所ありました。2つの工場は、飛行機の国内線に乗って移動しなければならない程に離れています。飛行時間でいうと、約1時間40分です。日本でイメージすると、羽田空港と新千歳空港との間の飛行時間くらいでしょうか。さらに、工場は空港から車で1~2時間程度かかる場所にあります。

量産の立ち上げのために中国の一方の工場Aに出張していたとき、朝の10時頃、第一子を妊娠していた妻から私の携帯電話に電話が入り、「陣痛が始まったかもしれない。」と言います。

妻から「出産に立ち会って欲しい。」と言われていた私は、急いで日本の設計部の事務所に電話を入れ、上司に「妻の陣痛が始まったみたいなので、日本に帰国させてください。」と伝えました。上司は、私の帰国を承諾してくださいました。

また、妻は福岡県久留米市で里帰り出産を予定していたため、私が「香港国際空港から羽田空港に行って、さらに福岡空港に行くよりも、香港国際空港から福岡空港に直接行った方が早いので、そうさせてください。」というと、上司は、「会社の方には私からお願いしてみるから大丈夫だよ。福岡空港行きのチケットは、そっち（中国）で取れるの？」と言ってくださいました。本当に感謝の気持ちでいっぱいです。それから、工場の方々にも感謝の気持ちでいっぱいです。飛行機のチケットの予約、空港までの移動のアテンドなど、様々な面で私をサポートしてくださいました。

そうして、香港国際空港に向けて工場Ａを出発しようとしていたとき、他方の工場Ｂに居る上司から私の携帯電話に電話が入り、「おう芳野！　お前は、そっち（工場Ａ）を出るらしいね。日本から聞いたよ！　それだったら、こっち（工場Ｂ）においでよ！

こっちの工場のラインも見て欲しい。」と言います。

もう、本当にわけが分かりません。私は、その上司に「いや、あの……そうではなくて……妻の陣痛が始まったみたいだから、日本に帰国するんです。」と伝えました。そうすると、その上司は「それって、こっち（工場B）に来れないということなのか？　それって、日本に帰国しないといけないのか？」と言います。

当たり前です、行けるはずがありません。私は、妻から「出産に立ち会って欲しい。」と言われていたのです。工場Aから工場Bに移動するには、飛行機の国内線に乗って約1時間40分かかります。空港と工場との間の車の移動時間も考慮に入れると、移動は半日がかりです。

私は、きっぱり「○○さん、申し訳ありませんが、そちら（工場B）に行くことはできません。」と伝え、香港国際空港から福岡空港へのフライトで日本に帰国しました。

周りの方々のサポートがあったおかげで、私は、妻の出産に間に合い、立ち会うことができました。そして、元気な赤ちゃん（女の子）が生まれました。皆様には、本当に感謝の気持ちでいっぱいです。

なお、出産後、私の妻は、「なんであなたの会社は、臨月を向かえている妊婦がいる夫を中国出張に行かせるの⁉　今度生まれ変わっても、あなたの会社の人とは絶対に結婚しない。」と再び言いました（笑）。

妻の出産後も、私の中国出張は続きました。1回の出張で約1ヶ月間、中国に滞在し、量産の立ち会いや、問題点があればその問題点の原因究明や対策を行います。日本に帰国した後、1週間程度、短いときには2日間程度だけ日本に滞在し、また中国に行きます。そして、また約1ヶ月間、中国に滞在します。

妻の出産後も、このような生活を繰り返しました。トータルで、1年間のうち1／3程度（4ヶ月間程度）は、中国に滞在していました。

あるとき、いつものように約1ヶ月間の中国出張を終えて日本に帰国すると、やっと歩き始めた娘が、帰宅した私の顔を見て大泣きしました。娘は、お父さんに久しぶりに会えたことで嬉しくて泣いているのではありません。娘は、恐怖で泣いているのです。娘の顔は、完全に恐怖で怯えています。「見知らぬおじちゃんが、家の中に勝手に入ってきた〜！」といった感じです。娘は、妻にしがみつき、ブルブルと震えています。妻が「〇〇ちゃん、どうしたの？　お父さんだよ。」と娘に言っても、娘は、恐怖で怯えたままで泣き叫んでいます。もう、私の顔を覚えていないどころか、父親の存在すら忘れているという感じです。

子供の成長は早く、私は、断続的とはいえ、トータルで1年間のうち1／3程度（4ヶ月間程度）を中国で過ごしていたわけですから、無理もありません。

いつまでも娘が私の顔を覚えないなんてことはないと分かりつつ、私は、さすがにこの状況はまずいと思いました。

第2章で詳しく紹介しますが、私は、この頃、特許業界に転職することを決断しました。

予定の退社日がいよいよ近づいた頃、私の後輩達が私の歓送会を企画してくれました。

その歓送会には、約１００名の上司、先輩、後輩が集まってくださって、本当に言葉では言い表せないほどの感謝の気持ちでいっぱいになりました。歓迎会に人が集まることは珍しくないと思いますが、歓送会に約１００名の方々が集まってくださったのは、本当に感謝の気持ちでいっぱいです。

その歓送会で、叱咤激励の意味が込められていたと思いますが、上司や先輩から「お前は、特許業界に転職しても絶対に弁理士にはなれない！　お前が弁理士試験に合格できるはずがない！　お前には絶対無理だ！」とか、「お前が特許業界で通用するはずがない！　やめておけ！」とか、「お前は、特許業界のことを何も知らないし、何も分かっていない！　特許業界は、そんなに甘い世界ではないんだ！」とか、様々な意見をいただきました。それも含めて、私が設計者として勤務していた会社の方々に対して本当に感謝の気持ちでいっぱいです。

私は、たった6年間の設計者人生でしたが、ワクワク感や苦しみなどのさまざまな思いを抱かせていただき、さまざまな経験を積ませていただいた感謝の気持ちを込め、また自分自身を鼓舞する意味を込め、次のような最後の挨拶をして会社を去りました。

「入社してからたった6年間という短い期間でしたが、私をサポートしてくださった方々に本当に感謝しています。本当にありがとうございました。

私は、設計者を辞め、特許業界に足を踏み入れますが、技術系という意味においては皆様と同じ分野に残ります。今後、色々大変なこともあると思いますが頑張っていきます。

そして、もし私が街角で餓死していたら、『芳野！　言った通りになっただろ！　お前にはやっぱり無理だったか！』と言って指を差して笑ってやってください。私はそうならないように、這いつくばってでも、泥水を啜ってでも、絶対に生き延びて立派な弁理士になってみせます。

今まで、本当にありがとうございました。」

第2章　特許技術者・弁理士から見える特許の大切さ

第2章　特許技術者・弁理士から見える特許の大切さ

第2章では、私が設計者を辞めて特許業界に足を踏み入れ、弁理士を目指そうと思ったきっかけのエピソード、そして、特許技術者・弁理士になって経験したエピソードを紹介します。

2-1　新たな希望：弁理士を目指したきっかけ

第1章で紹介した通り、私は、大手総合電機メーカに入社して3〜4年目の頃、今までにない液晶パネルの固定構造を採用しました。

そこで、新機種の量産が始まる前（つまり製品の開発中）に、機構設計の部署内でのミーティングで「芳野が考えた液晶パネルの固定構造について特許出願をしよう。この発明は良いよ！　Ａランクの特許になるかもしれない。」と、特許出願に関するまとめ役の方から言われました。

設計部には、特許出願に関するまとめ役の方がいることが多く、例えば「Ａ部署から○○件以上、Ｂ部署から△△件以上の特許出願をしましょう。」といったように、特許出願件数のノルマが各部署に課せられることも珍しくありません。また、Ａランクとは、企業の特許出願のうち一番上のランクの特許出願で、発明報酬が一番高いです。

そして、部署内でのミーティングで「芳野くん、特許明細書を書いてみよう。」と言われ、開発中にワクワクしていた私は、「はい。」と答えました。

自分自身の脳で考えた発明が、特許になるかもしれないのです。しかも、Ａランクの特許になるかもしれないと言われました。嬉しいに決まっています。ワクワクが止まりません。

設計者は、「画期的な製品を世の中に送り出したい。」、「自分が設計した製品で世の中をあっと驚かせたい。」、「『この製品を設計したのは、この俺だ。』と言ってみたい。」そんな思いで企業に入社する人は多いと思います。そのため、設計者にとって、製品を世の中に出すことはもちろん嬉しいことですが、自分自身の脳で考えた発明が特許になるというのは、製品を世の中に出すことと同じくらい嬉しいことです。つまり、設計者は、「自分自身の脳で考えた発明の痕跡を世の中に残したい！」と思うものです。


私が考えた液晶パネルの固定構造について特許出願をすることが決まったミーティングは、確か、月曜日か火曜日の頃だったと思います。第1章で紹介した通り、私は、朝早くから夜中まで仕事をすることは当たり前で、徹夜をして家に帰ることができないときも多々ありました。そのため、私は、ミーティングの翌週の日曜日に、特許明細書の概要をまとめようと計画をしていました。

そうしたところ、ある上司が、私に対して「芳野くん！　この前のミーティングで決まった特許出願の件だけど、特許明細書を作成したから確認して！　よければ、これで出願しよう！」と言うのです。

一体何が起きたのか？　私が特許明細書を作成することになっていたのではなかったのか？　もう、わけが分かりません。

しかも、特許明細書を確認すると、筆頭発明者は、私ではありませんでした。筆頭発明者とは、複数の発明者がいる中で、最初（すなわち一番上）に名前が記載される発明者のことです。特許明細書（厳密には「願書」と呼ばれる書類）に記載される発明者の順序に応じて、発明報酬に関する寄与率が決まることも珍しくありません。

開発中の液晶パネルの固定構造は、当然、「私が一人で」考えた発明というわけではありませんが、複数の発明者の中で「私が最前線で」考えた発明でしたので、私が筆頭発明者であろうと思っていました。

この件について指導員の上司に相談したところ、上司は、私に対して「芳野くんが特許明細書を早く作成しないから、こうなるんだよ。ははは。」と笑いながら言いました。

第1章で紹介した通り、私の発明は、開発中はもちろんのこと、量産開始後も大変な思いをして進めてきた液晶パネルの固定構造です。そのため、私は、開発中の特許に関するミーティングのことを思い出すと、悔しくて悔しくてたまりませんでした。私は、あまりの悔しさに「誰よりも先に、誰よりも良い特許明細書を書けるようになりたい。」という思いで書店に飛び込み、特許出願に関する書籍を手にしました。

弁理士という存在を知ったのは、その書籍の中です。

弁理士について色々と調べていくうちに、「私と同じような喜びや苦しみなどのさまざまな思いを経験し、さまざまな思いが詰まった発明をした発明者を救いたい。」と思うようになりました。「設計者としてさまざまな思いを経験した私だからこそ、世のため人のために貢献できることがあるのではないか。」と思うようになりました。私が弁理士になろうと決心したのは、そのときです。

なお、誤解を招くことがないように伝えておきますと、私は、当時設計者としてさまざまな思いを経験しましたが、お世話になった会社および上司に対して不平不満を抱いていることはなく、むしろ、前述したように、本当に感謝の気持ちでいっぱいです。

当時、弁理士業界・特許業界の職場がどのような環境であるのかは、当然分かりませんでした。また、「興味本位で弁理士になりたいと思っているだけではないのか。」とか、「辛いことから逃げたい一心で、設計者を辞めて弁理士になりたいと思っているだけではないのか。」とか、色々なことを考えました。

しかし、それでも、弁理士になって「私と同じような喜びや苦しみなどのさまざまな思いを経験し、さまざまな思いが詰まった発明をした発明者を救いたい。」、「設計者として経験したさまざまな思いを活かし、世のため人のために貢献したい。」と思う気持ちが段々と強くなっていきました。

弁理士業界・特許業界のことを知りたくて以前に連絡をさせていただいたことのある弁理士の先生に再度連絡をして、大手総合電機メーカに入社してから今までの状況を説明しました。

そうすると、その弁理士の先生は、「設計者になってまだ6年目とはいえ、色々な苦労を経験し、あなたの設計した部品が搭載された製品を世の中に出すことができたことは、すごいことだし、自信を持って良いと思うよ。仕事と家庭の両立など色々と大変なこともあるだろうから、もしこっちの業界（弁理士業界・特許業界）に転職したいと思うのであれば、私の事務所においでよ。」と言ってくださいました。

特許のことについては全くの素人で、特許明細書を作成したことがほとんどない私に対してそのような言葉を掛けてくださった弁理士の先生に、本当に感謝しています。

私は、その弁理士の先生の話を妻にも相談し、大学院を修了してから丸6年間お世話になった会社を辞めてその弁理士の先生の特許事務所への転職することを決断しました。

2-2　発明に対する熱い思い：特許事務所に入所してから

特許技術者の頃

特許事務所に転職してすぐの頃、私は、弁理士の資格を持っていませんので、特許技術者として働いていました。

特許技術者とは、特許に関する明細書作成の補助業務を行う者です。

私は、明細書作成の補助業務を行いながら明細書作成の技術を学んでいきました。さらに、特許事務所での仕事を終えた後は、弁理士の資格を取得するための試験（弁理士試験）に向けて勉強しました。夜遅く（午前2～3時）まで勉強漬けの毎日です。

例えば企業が出願人となって特許出願をする場合、発明者（主に研究者・設計者）と、知的財産部の担当者と、弁理士と、の三者が、会議室に集まって発明のヒアリングや出願方針について打ち合わせをします。

私は、明細書作成の補助業務を行う上で必要な情報を共有させていただくために、その打ち合わせに同席させていただいていました。その打ち合わせで感じたことは、日本企業において技術系に携わる方々のプロ意識の高さや発明に対する情熱です。私が設計者だった頃にも同じことを感じましたが、日本企業において技術系に携わる方々のプロ意識の高さや発明に対する情熱を特許事務所に転職して改めて感じました。

特に、特許業界では、知的財産を扱います。知的財産とは、人間の創造的活動や知的活動により生み出されるアイデア等です。そうです、人間の創造的活動や知的活動により生み出されるものは、財産なのです！

知的財産を守るために、発明者の方々は、自分自身の発明について熱く語り説明をします。私は、発明者の表情や表現を通じて、発明に対する熱い思いを肌で感じました。そして、その熱い思いの中には、やはり、私が設計者であったときに抱いた思いと同じような喜びや苦しみなどのさまざまな思いがあることに気付きました。

また、企業の知的財産部の方々は、発明者および自社のことを真剣に考え、発明者と真剣に向き合い、発明の発掘に真剣に取り組んでいます。そして、どのような出願方針を決定すれば、発明者が発明した技術内容を自社の財産として適切に保護できるかを真剣に考えています。まさにプロ意識です！

発明者および自社のことはもちろんのこと、技術系の現場の全体を俯瞰し、日本の技術を守るためにどうするべきかを真剣に考えている知的財産部の方々の言葉には重みがありました。

知的財産部および開発部など、技術系の現場で働く方々の発明に対する熱い思いに心を動かされました。そして、私は、設計者（発明者）と特許事務所の特許技術者とで立場の違いはありますが、技術系の仕事に引き続き携わることができている状況を嬉しく誇らしく思いました。明細書作成の補助業務を通じて明細書作成の技術を学びながら弁理士試験に向けて勉強をする毎日は大変でしたが、絶対に弁理士になってやると強い意志を持った瞬間でした。

大変な毎日でしたが、苦しいと思ったことは一度もありませんでした。まさにワクワク感でいっぱいでした。

特許事務所に転職して約5年後、大手総合電機メーカの設計者だった頃に夜間や休日を利用して空白期間がありながらも少しずつ勉強を進めてきた頃から起算すると約8年後、私は、弁理士試験の最終合格を果たし、晴れて弁理士になることができました。

2-3 特許の崖：弁理士になってから

弁理士になると、特許技術者の頃と比較して、業務範囲が広がりました。弁理士の業務は、特許出願、拒絶理由通知に対する応答手続（中間手続）、各種審判の請求および対応など多岐に渡ります。例えば、弁理士は、特許出願の際に明細書・図面等を作成したり、拒絶理由通知に対する応答手続の際に意見書・手続補正書を作成したり、各種審判の請求の際に審判請求書を作成したりします。もちろん、これは、弁理士業務のほんの一例に過ぎません。

弁理士の仕事例

弁理士は、特許に関する調査を行うこともあります。調査には色々な目的の調査がありま す。調査の種類としては、例えば次のようなものが挙げられます。

（１）特許出願を検討している発明に関連する先行技術を特許出願前に調査する先行技術調査

（２）自社の製品を製造したり販売したりする行為が特許権侵害に該当するような他社の特許権が存在するか否かを調査する特許侵害予防調査（パテントクリアランス調査）

（３）他社の特許発明を潰す（特許を無効にする）ための資料を調査する特許無効資料調査

特許に関する調査については、特許事務所の弁理士だけに限らず、企業の知的財産部の担当者も行います。特に、前記（1）先行技術調査については、特許事務所の弁理士よりも、企業の知的財産部の担当者が行う場合が多いです。知的財産部に数十人～数百人の担当者が所属している大企業の場合には、企業の知的財産部の担当者が、前記（2）特許侵害予防調査および前記（3）特許無効資料調査を行うことも珍しくありません。

さらに、弁理士の中で、特定侵害訴訟代理業務試験に合格しその旨の付記を受けた弁理士は、特定侵害訴訟（特許に関する権利の侵害に係る訴訟など）に関して、弁護士が同一の依頼者から受任している事件に限り、その訴訟代理人となることもできます。

このように、弁理士の業務は、非常に多岐に渡ります。

また、弁理士は、クライアントから特許侵害予防調査の依頼を受任したとき、クライアントが製造・販売を予定している製品にどのような技術が使用されるのか入念にヒアリングします。

仮に、クライアントの製造・販売をする行為が他社の特許権を侵害することになれば、クライアントは、差止請求を受けたり損害賠償請求を受けたりするおそれがあります。

仮に、クライアントが差止請求や損害賠償請求を受けると、そのクライアントは、社会的信用を失うおそれがあり、また製品の製造・販売を止めなくてはならなくなったり金銭的な損害を受けたりします。

そうならないように、特許事務所の弁理士は、企業の知的財産部の担当者と入念に打ち合わせをします。当然ですが、知的財産部の担当者は、真剣です。実施予定の製品を製造・販売する行為が他社の特許権を侵害することになるか否か、真剣に見極めます。

もし、実施予定の製品を製造・販売する行為が他社の特許権を侵害することになる場合には、知的財産部の担当者は、開発方針の転換の必要性を発明者に打診したり、場合によっては他社の特許権者から実施権（ライセンス）の許諾を受けることについても検討したりする必要があります。今後の企業の運命がかかっているといっても、過言ではありません。

それほど、企業の知的財産部は、重要な役割を担っており、決して間接部門に分類される部署ではないと思います。

ほかにも、知的財産部が間接部門に単純に分けられないポイントがあります。例えば、他社の特許権者から実施権の許諾を受ける場合とは逆の場合として、知的財産部が他社と交渉を行った結果、自社が特許権者として他社から特許権について実施料（ライセンス料）を得る場合。この場合には、知的財産部は、売上を生み出していると考えることもでき、直接部門に分類される部署であるとも言えます。

「特許の崖（パテントクリフ）」という用語が存在するほど、特許権は、企業の売上高に大きな影響を与えることがあります。特許の崖とは、主に製薬業界で使用される用語で、新薬に関する特許権の存続期間（原則、特許出願の日から20年）の終了に伴って、企業の売上高が崖（クリフ）から落ちるように急落することを言います。

それほど、企業の知的財産部は、企業の現在および将来を支える重要な役割を担っています。

調査結果を伝える難しさ

ちなみに、裏話になりますが、弁理士は、特許侵害予防調査の結果をクライアントに報告する際、神経を使います。

特に、クライアントの製品を製造・販売する行為が特許権侵害に該当するような他社の特許権が見つからない旨を報告するときには、非常に神経を使います。仮に、特許侵害予防調査に漏れがあった状態で他社の特許権が見つからない旨を報告し、クライアントの製造・販売をする行為が他社の特許権を侵害することになれば、弁理士としての信用を失うだけではなく、クライアントが差止請求や損害賠償請求を受けるなどクライアントに対して多大なご迷惑をかけてしまうことになります。これだけは、絶対に避けなければなりません。

クライアントの製品を製造・販売する行為が特許権侵害に該当するような他社の特

許権が見つからない旨の報告は、そのような他社の特許権が**存在しないことを証明する**、いわゆる「悪魔の証明」なのです。

一方で、クライアントにとっては残念な結果になりますが、クライアントの製品を製造・販売する行為が特許権侵害に該当するような他社の特許権が見つかったとき、正直なところ、ほっとします。クライアントの製品を製造・販売する行為が特許権侵害に該当するような他社の特許権が**存在することを証明する**わけですから、安心してその旨を報告できます。

「クライアントにとっては残念な結果になりますが」といいましたが、クライアントの製品を製造・販売する行為が特許権侵害に該当するような他社の特許権が見つかったときの報告は、クライアントの特許権侵害行為を未然に防ぐことができる報告ですから、クライアントにとって非常に有益な報告であり、ある意味、喜ばしい報告であるともいえます。

知的財産部の役割の重要さ

企業の知的財産部の担当者は、前記（１）先行技術調査を行う機会が多いと述べました。また、数十人～数百人が所属する大企業の知的財産部の担当者は、前記（２）特許侵害予防調査および前記（３）特許無効資料調査を行うことも珍しくないと述べました。

さらに、企業の知的財産部の担当者は、前記（１）～（３）の調査だけではなく、前記（１）～（３）の調査以外にも、例えば他社の技術動向、開発動向および特許出願動向を監視（ウォッチ）する技術動向調査を行っています。技術動向調査の対象は、日本国内の特許出願だけに限られず、外国の特許出願も含んでいます。

私が設計者だった頃にはほとんど意識しなかったことですが、知的財産部の担当者が技術動向調査を行っているおかげで、研究者・設計者は、安心して研究開発に集中し、自社の技術力を思う存分に発揮し向上させていくことができます。

企業の知的財産部は、自社の技術的な本丸を守っているのです。

改めてになりますが、**企業の知的財産部は、今後の企業の運命がかかっていると言っ**

ても過言ではないほどの重要な役割を担っています。

2-4 やりがい：弁理士という仕事

知的財産部担当者との入念な打ち合わせから始まり……

特許権を取得するプロセスの詳細については第3章で述べますが、特許出願をして、さらに出願審査請求（特許庁審査官に特許出願を審査してもらうための手続）をすると、多くの場合、出願人は、特許出願の審査の結果として特許庁の審査官から拒絶理由通知を受けます。拒絶理由通知とは、特許を受けることができない理由が記載された書類（拒絶理由通知書）が通知されることです。

例えば、拒絶理由通知を一度も受けることなく特許権を取得できた場合、このことは大変喜ばしいことですが、一方で、もっと広い発明の概念（技術的範囲）について特許権を取得できた可能性があったと考えることもできます。

一概に断言することはできませんが、知的財産が財産である以上、より広い発明の概念（技術的範囲）について特許権の取得を目指すことは当然のことと言えます。そこで特許出願に係る発明と先行技術との間のクリアランスを探る意味も含め、拒絶理由通知を受けると思われる広い概念の発明について特許出願をすることが多いです。

ただし、拒絶理由が解消しなければ特許を受けることはできません。そのため、弁理士は、発明について知的財産部の担当者と入念に打ち合わせを行い、拒絶理由を解消可能な発明のネタを事前に明細書・図面等に忍ばせておきます。つまり、特許出願をする前の打ち合わせで、拒絶理由を事前にある程度予想し、その拒絶理由を解消可能な発明を特許出願時の明細書・図面等に記載しておきます。そうしておくと、拒絶理由通知書の内容を十分に検討した上で、特許出願時の明細書・図面等に忍ばせておいた「拒絶理由を解消可能な発明のネタ」を発明の内容（厳密には「特許請求の範囲」と呼ばれる書類の中の請求項）に追加する補正を拒絶理由通知に対する応答手続の際にすることができます。

発明の内容にネタを追加する補正をすることができる範囲は、特許出願時に特許庁に提出した明細書・図面等に記載された事項の範囲内です。特許出願時に特許庁に提出した明細書・図面等に記載された事項の範囲を超えた内容を特許出願後に発明の内容に追加することは許されておらず、特許出願後に明細書・図面等に追加することも許されていません。「後出しジャンケン」は、許されていないのです。

そのため、拒絶理由を事前にある程度予想し、拒絶理由を解消可能な発明のネタを特許出願時の明細書・図面等に忍ばせておくことが重要です。

ここが、弁理士と知的財産部の担当者との腕の見せ所です！

それでも、拒絶理由を解消することは、一筋縄ではいきません。拒絶理由を解消するために、多くの場合、明細書（厳密には「特許請求の範囲」と呼ばれる書類）について補正をして、特許を受けるための意見を意見書と呼ばれる書類で審査官に対して主張します。

ここでも、弁理士と知的財産部の担当者とは、入念に打ち合わせをしたり、書面あるいはメールを通じて入念に意思疎通を図ったりして、どのような補正をして、どのような意見を主張するのかを真剣に検討します。企業が望んでいない範囲で特許権を取得できても、意味がありません。

弁理士は、どのような補正をして、どのような意見を主張すれば、特許権を取得できるのかを入念に検討します。

一方で、知的財産部の担当者は、どのような補正をして、どのような意見を主張すれば、今後の企業（自社）の事業展開において有益な特許権を取得できるのかを入念に検討します。

ある企業の知的財産部の担当者が、私が提示した補正案に対して「こんなに限定した発明（技術的範囲が狭い発明）で特許権を取得できたとしても、発明者に申し訳ない。何とかなりませんか！　この発明は、弊社にとってとても重要な技術を含んでおり、素晴らしい発明だと思っています。もう少し広い技術的範囲で特許権を取得しないと、発明者に申し訳なさすぎる！」と熱意を持っておっしゃっていたことを覚えています。

発明者のことを真剣に考え、自社のことを真剣に考え、有益な特許権を取得するための熱意を持った知的財産部の担当者の姿から、並々ならぬプロ意識を感じました。

このように、私は、企業の技術を断固として守り抜く魂および信念を知的財産部の担当者から感じることがあります。

特許庁審査官との「話し合い」

特許出願の審査に関わる意思疎通を図るために、特許庁審査官と面接をすることもあります。発明者と知的財産部の担当者と弁理士（代理人）とが、特許庁を訪問し、審査官と面接をします。最近では、オンライン会議システムを利用したオンライン面接の実施も増えてきました。

審査官との面接において、発明者と知的財産部の担当者と弁理士とは、特許出願に係る発明の技術的特徴を説明したり、特許出願に係る発明と先行技術との対比説明をしたりします。さらに、拒絶理由を解消するための補正案等を提示したりします。審査官との面接は、特許出願の審査を担当する審査官と向き合って、特許出願に係る発明を説明する絶好の機会です！

知的財産部の担当者は、自社の発明者がした発明を特許権に導くために、真剣に審査官と向き合います。ここでも、企業（自社）の技術を断固として守り抜く魂および信念を知的財産部の担当者から感じます。もちろん、代理人である弁理士も、真剣に審査官と向き合います。一方で、特許庁の審査官も、発明者と知的財産部の担当者と弁理士との説明を真剣に聞いてくださいます。

私個人の感想になりますが、発明者と、知的財産部の担当者と、特許庁の審査官と、弁理士と、の四者が、互いに向き合い、日本の最先端技術について真剣に話し合う場は、とても刺激的でワクワクします！

そして、拒絶理由が解消し、特許査定を受けたときには、本当に嬉しいです。知的財産部の担当者および発明者から「本当にありがとうございます！　特許になって良かった！」と感謝の気持ちを伝えられたときは、この上ない喜びを感じます。

第1章で紹介した通り、私が設計者だった頃、ユーザの声が設計者の耳に入ってくることはほとんどありませんでした。一方で、弁理士をやっていると、知的財産部の担当者および発明者から直接的に感謝の気持ちを伝えられることが多いです。

弁理士をやっていて、本当に良かったと思える瞬間です。これだから弁理士はやめられないと思えるほどです。

知的財産を海外でも守る！

日本の企業は、日本国内だけで製品を製造・販売しているわけではありません。今はグローバル時代ですから、当然、日本の企業は、外国でも製品を製造・販売することがあります。そのため、日本の企業は、外国において特許権の取得を目指すことがあります。

日本の特許権の効力は、日本の領域内にしか及びません。これを「属地主義」といいます。つまり、他社が自社の特許発明を外国で実施（製造・販売等）しても、自社は、日本の特許権に基づいて他社の実施行為を特許権侵害だとして追求することはできません。自社の特許発明を外国で実施する他社の行為を特許権侵害だとして追求したいのであれば、その外国において特許権を取得する必要があります。外国において特許権を取得するための手続が、「外国特許出願」あるいは「外国出願」などと呼ばれるものです。

外国特許出願をする場合、各国の特許庁が指定した言語の翻訳文を提出する必要があります。例えば、米国に特許出願をする場合には、日本語を英語に翻訳した翻訳文を米国の特許庁に提出する必要があります。

ここでも、プロが登場します。それは、特許明細書を翻訳するプロの翻訳者です！　使用する単語が異なることで、発明の概念（技術的範囲）において日本語と英語との間にズレが生じることもあります。翻訳者についても、高いプロ意識を感じることが多々あります。

外国特許出願の審査は、基本的に、各国特許庁の審査官が行います。例えば、米国に特許出願をした場合には、米国特許商標庁の審査官が特許出願を審査します。中国に特許出願をした場合には、中国特許庁（中国国家知識産権局）の審査官が特許出願を審査します。

欧州に特許出願をする場合には、欧州の各国に特許出願をすることもできますが、欧州特許制度を利用して特許出願をすることもできます。欧州特許制度を利用する場合には、欧州の各国の特許庁ではなく欧州特許庁の審査官が特許出願を審査し、特許出願が一定の要件を満たすと、欧州特許庁によって特許が付与されます。

いずれにせよ、外国特許出願をした場合には、日本国特許庁の審査官ではなく、各国・領域の特許庁の審査官が特許出願を審査します。つまり、発明の特許性については、各国・領域で個別に判断されます。そのため、同じ発明について複数の国に特許出願をした場合、ある国では特許権を取得できた一方で、他の国では特許権を取得できなかったこともあります。

許出願をした国の特許制度についての専門的知識をフル活用して特許を受けることができたわけですから、この上ない喜びを感じると思います。

外国における特許権の取得をサポートできた弁理士も、この上ない喜びを感じます。

これだから弁理士はやめられないと思えるほどです。

第3章　特許権を取得するプロセス
～知財の基礎知識～

第3章　特許権を取得するプロセス～知財の基礎知識～

第2章において特許出願に関するエピソードを紹介しました。本章では、改めて開発から特許権を取得するまでの「知財の基礎知識」を説明します。

3-1　そもそも知的財産とは？　そもそも特許法とは？

知的財産とは、人間の創造的活動や知的活動により生み出されるアイデア等です。すなわち、知的財産は、有体物ではなく無体物です。

有体物は有形的存在をもつため、任意の者が有体物を利用している際には、他人は、その有体物を利用できません。しかし、無体物は有形的存在をもたないため、任意の者が無体物を利用している際でも、他人は、その無体物を利用できます。そのため、知的財産が公開されると、他人がその知的財産を無断で利用できることになります。そのため、そうすると、知的財産を創造した者は、せっかく創造した知的財産から利益を受けることができず、知的財産の創造意欲を低下させてしまうおそれがあります。そこで、知的財産を創造した者は、その知的財産を秘密にしようとします。

しかし、創造的活動は先人達の創造的活動に基づいているため、知的財産が秘密にされると、その後の創造的活動が停滞するおそれがあります。

そのため、特許法は、知的財産を創造した者に、その知的財産を公開して欲しいのです。

ただし、何の見返りもなく知的財産を公開して欲しいといっても、前述したように、知的財産を創造した者は、知的財産から利益を受けることができないおそれがあるため知的財産を公開しようとしません。また、秘密にできない知的財産も存在します。そのため、知的財産を創造した者がその知的財産を公開したとしても、他人がその知的財産を無断で利用できないように、その知的財産を法的に保護する必要があります。

その法律が「特許法」です。

なお、他人は、公開された知的財産を無断で利用することはできませんが、公開された知的財産に基づいて新たな知的財産を生み出すことができます。また、他人は、特許法による一定の保護期間を経過した知的財産を自由に利用できます。

このようにして、特許法は、知的財産（発明）の保護および利用を図っています。

3-2 特許に関する手続等の流れ1――「相談・打ち合わせ」

「図3-1 特許に関する手続等の流れ」のうち、重要な段階・手続等を抽出して以下に説明します。

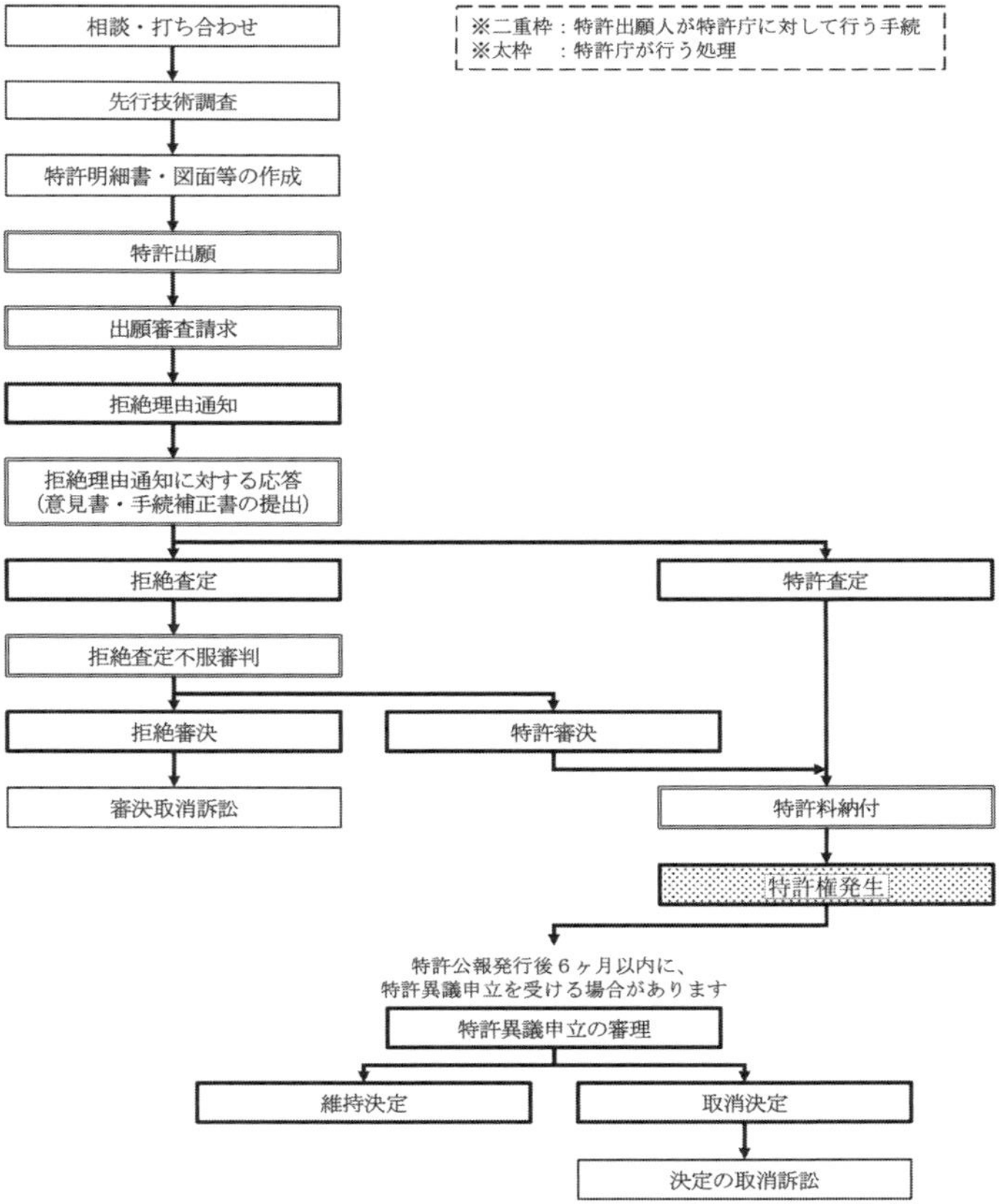

図３－１　特許に関する手続等の流れ

「発明」の原点、「課題」を明確にする！

この段階では発明者と、知的財産部の担当者と、弁理士との三者が、会議室に集まったりオンライン会議システムを利用したりして、発明内容のヒアリングや出願方針について打ち合わせをします。知的財産部が存在しない中小企業・ベンチャー企業・スタートアップ企業については、発明者と、弁理士と、の二者が打ち合わせをすることも珍しくありません。

なお、第2章で述べた通り、知的財産部が存在する企業の場合、知的財産部の担当者が先行技術調査を行うことが多いです。この場合には、知的財産部の担当者が発明の内容を発明者から事前にヒアリングをして先行技術調査を行った上で、発明者と、知的財産部の担当者と、弁理士と、の三者による打ち合わせが行われます。つまり、この場合には、図3-1において、「先行技術調査」が「相談・打ち合わせ」よりも先に行われます。

ここでの打ち合わせは、今後、特許を受けることができるか、特許を受けることができないかを左右するといっても過言ではないほど、非常に重要な局面です。

この局面において、発明者には、発明者自身の発明について熱く語り、発明者自身の発明によって得られるメリットを思う存分アピールしていただきたいです。また発明が動きや流れを伴う場合には、その動きや流れを詳しく説明していただけるとありがたいです。

ここで、私が重視している点があります。**それは、「課題」です！**

発明をしたきっかけは何でしたか？

新しいアイデアを思いついたきっかけは何でしたか？

新しいアイデアを思いついたということは、従来から存在する物などについて、「こうなっていたらもっと良かったのに。」とか「こうなっていたらもっと便利だったのに。」とか「こうなっていたらもっと嬉しいのに。」など、不都合な点や不便な点を感じていたはずです。

前記の例でいうと、「従来から存在する物など」が、「従来技術」です。

そして、従来から存在する物などに関する「不都合な点や不便な点」が、「課題」です！

それでは、従来から存在する物などについて感じていた不都合な点や不便な点をどのようにして解決しましたか？

その解決手段が、まさに「発明」なのです！

つまり、従来から存在する物などの不都合な点や不便な点を解決するために実施したことが、「従来技術の課題や問題を解決するためにしたこと」であり、すなわち発明です！

「この世の中に全く存在しない物を生み出した！」とお考えの発明者もいらっしゃると思いますが、発明をした過程のほとんどの場合において、従来技術および課題が存在します。

このように、発明をする過程において「課題」が必ず存在するといっても過言ではありません。**課題の解決手段が「発明」ですから、「課題」は、発明の原点です。**そのため、**「課題」が曖昧ですと、「発明」がぼやけてしまいます。**「発明」がぼやけると、特許を受けることができるはずの発明について、特許を受けることができないおそれがあります。このような理由により、私は、「課題」を重視しています。

以下の点を事前に整理しておくと、充実した「相談・打ち合わせ」を行うことができます。

☆従来技術は何か？
☆従来技術の課題は何か？
☆従来技術の課題を解決するためにしたことは何か？

図面を活用する！

発明を説明する図面があると、さらに充実した「相談・打ち合わせ」を行うことができます。

図面は、特許出願において必須の書類ではなく、発明を説明するために必要な場合に特許庁に提出する書類です。しかし、機械系・電気系の発明についての特許出願では、図面が必須の書類であるといっても過言ではありません。

特許に関する技術分野は、主に機械、電気、化学の3つの技術分野に分かれます。このうち、機械および電気の2つの技術分野に関する発明についての特許出願では、ほとんどの場合、図面が必要です。

図面の例として、機械系の発明についての特許出願の場合には、機械的・物理的な構造を表す図面、システム・ハードウェアを表す構成図、フローチャート、タイミングチャート、方法の工程を表す図面などが挙げられます。

但し、以上のように説明すると、特許出願のための「相談・打ち合わせ」を億劫に感じる発明者がいるかもしれません。

しかし、億劫に感じる必要はありません。

前述した**「従来技術」および「課題」などについては、頭の中で整理したり、メモ用紙に書き留めて整理したりするだけでも良いのです。大事なことは、「従来技術」および「課題」が何かを整理しておくことです。**

また、図面についても、ポンチ絵で構いません。「相談・打ち合わせ」の段階では、その絵から発明の要点を理解できれば良いのです。弁理士にとっては、特許出願用の図面の作成を考慮すると、ＣＡＤ図面（特に3次元ＣＡＤ図面）があると大変ありがたいのですが、きれいな図面が「相談・打ち合わせ」の段階で必要であるというわけではありません。きれいなＣＡＤ図面よりも、**発明者が手書きで描いたポンチ絵の方が、発明の要点を理解しやすかったということも珍しくありません。**

知的財産部が存在する企業の場合、知的財産部の担当者が「従来技術」、「課題」および「発明」の要点を纏めた上で、発明者と、知的財産部の担当者と、弁理士と、の三者による打ち合わせが行われることも多いです。これらが纏められた書類は、「発明説明書」、「発明提案書」あるいは「発明明細書」などと呼ばれています。

知的財産部の担当者が纏めた書類を拝見しますと、知的財産部の担当者の高いプロ意識を感じます！　知的財産部の担当者は、発明者および自社のことを真剣に考えて、「従来技術」、「課題」および「発明」の要点をどのように纏め、どのような出願方針を決定すれば、発明者が発明した技術内容を自社の財産として適切に保護できるかを真剣に考えています。

知的財産部の担当者が発明者に寄り添い、発明者がなした発明を何としてでも特許に導こうとする姿は、感動すら覚えることがあります！

知的財産部が存在しない企業の場合には、弁理士が、発明者から発明内容のヒアリングを行い、「従来技術」、「課題」および「発明」を入念に把握していきます。

知的財産部の担当者および弁理士のような知的財産に関するプロが存在しますの

で、発明者は、特許出願のための「相談・打ち合わせ」を億劫に感じることなく、発明者自身の発明について堂々と熱く語っていただきたいです。**一番もったいないことは、発明者が、発明内容をきれいに纏めようとしたり、図面をきれいに作成したりしようとするあまり、「相談・打ち合わせ」を億劫に感じて発明提案をやめたり特許出願を諦めたりすることです。**

「餅は餅屋」です！

発明者は、「相談・打ち合わせ」の段階において完璧を求めず、知的財産部の担当者および弁理士のような知的財産に関するプロを頼りましょう！　その方が、知的財産部の担当者および弁理士だって、きっと嬉しいはずです。

弁理士が知りたいこと

知的財産部の担当者および弁理士は、「相談・打ち合わせ」の段階において発明者に色々な質問をすることがあります。質問をする理由は、様々ですが、大きく分けて２つあります。

第1の理由は、発明の内容を把握・理解するためです。特に、**従来技術の課題との関係で、発明の特徴が何であるのかを把握・理解するためです。**従来技術の課題との関係で発明の特徴を把握できると、発明の効果を理解しやすくなります。前述したように、課題の解決手段が「発明」ですから、発明が完成したということは、従来技術の課題を解決できたということです。発明によって従来技術の課題を解決できた内容が、発明のメリット（利益）であり、すなわち発明の効果です。「課題」と「効果」とは、表裏一体の関係にあるともいえます。

第2の理由は、発明の本質を捉えるためです。**「発明の本質」とは、発明品そのものではなく、発明者が発明だと思っている発明でもありません。**前述したように、発明は、知的財産であり、人間の創造的活動や知的活動により生み出されるアイデア等の無体物です。**無体物たる発明の本質を見抜き、発明の本質を捉えることで、発明者の発明を企業の財産として適切に保護することができます。**第2の理由の質問により、発明者でさえ気づいていなかった発明が生まれることもあり、発明者から「これが発明ですか!?」と言われたこともあります。第2の理由は、発明者の中から発明の本質を掘り起こすため、あるいは発明の本質を引き出すためであるともいえます。

3-3　特許に関する手続等の流れ2――「特許明細書・図面等の作成」

出願書類とは何か

この段階では、弁理士は、前述した「相談・打ち合わせ」を通じて把握した課題、発明の内容（特に発明の本質）および効果などに基づいて、全身全霊をささげて明細書・図面等の出願書類を作成します。

出願書類の作成は、弁理士の中心的業務のひとつであり、弁理士の腕の見せどころです！

特許出願の書類は、厳密には、（1）願書、（2）明細書、（3）特許請求の範囲、（4）

要約書および（5）必要な図面の5つの書類を含んでいます。

「明細書」は、発明の技術内容を開示・説明する機能を有する書類です。

「特許請求の範囲」は、特許権として発明の保護を求める範囲すなわち権利範囲（厳密には「特許発明の技術的範囲」といいます。）を確定させる機能を有する書類です。

「必要な図面」は、必ず要する図面（必須の図面）という意味ではなく、前述した通り、発明を説明するために必要な場合に特許庁に提出する書類です。そのため、図面の提出は、任意とされています。但し、実際には、特に機械および電気の2つの技術分野に関する発明についての特許出願では、ほとんどの場合、図面を提出します。

本書では、明細書と特許請求の範囲との2つの書類をまとめて「明細書」ということがあります。

私は、特許技術者の頃および弁理士になって間もない頃に大変お世話になった弁理士の先生から「明細書は、命を削りながら作成するものだ！　命を削って明細書を完成させ、そしてまた命を削って次の明細書を完成させ、……その繰り返しだ！」と教わったことがあります。

前述したように、明細書は、発明の技術内容を開示・説明する技術文献としての機能と、権利範囲を確定させる権利書としての機能と、を有します。そのため、明細書は、極めて重要な書類であり、全身全霊をささげて命を削りながら作成する書類なのです！

私自身、お世話になった弁理士の先生の教えを今でも肝に銘じて明細書を作成していますので、明細書を完成させたときには本当に命が削れたのではないかと思えるほど心身ともに疲れます。それと同時に、この上ない達成感・充実感を覚えます。

妻は、そのような私の姿を見て、「本当に大丈夫なの？　倒れてしまうよ！」と言うほどです（笑）。

発明者と弁理士の視点の違い

弁理士が明細書・図面等の出願書類の原稿を作成すると、発明者および知的財産部の担当者が原稿を校閲することになります。

ここで、発明者に注意していただきたい点があります。

その注意点は、発明をする行為に対するアプローチと、明細書等の出願書類を作成する行為に対するアプローチと、は互いに別ものであるということです。具体的にいうと、**発明者がなした発明と、明細書に記載された発明と、は互いに別ものです。**これは、「特許明細書・図面等の作成」の段階だけではなく、前述した「相談・打ち合わせ」の段階においても注意していただきたい点です。

発明者がなした発明は、一般的に、発明品、試作品およびモックアップ品などの有体物、あるいは図面に記載された有形物として提示されます。

一方で、明細書に記載された発明は、技術に関するアイデア等の技術的思想を文字で表現した無体物あるいは無形物です。確かに、発明を説明するために実施形態の例を有形物として図面に記載しますが、特許を受けるために明細書に記載された発明は、あくまでも技術的思想を文字で表現した無体物あるいは無形物です。

明細書に記載された発明は、このような点において発明者がなした発明とは異なっています。**特許権として保護を求める発明は、発明者がなした発明そのものではなく、**

発明者がなした発明を抽象化あるいは上位概念化させたものです。

弁理士は、このような視点で明細書の原稿を作成します。
知的財産部の担当者は、このような視点で明細書の原稿を校閲し、発明者に寄り添いつつ発明者が発明した技術内容を自社の財産として適切に保護することを考えています。

そのため、発明者がほんの少しでも良いのでこのような視点をもって明細書の原稿を校閲すると、発明者と知的財産部の担当者と弁理士との三者の共同作業としてより良い明細書が完成すると思います。そうすると、より適切な権利範囲が設定された特許権として発明を保護することができます。

過去、発明者に明細書を校閲していただいた結果、明細書が学術論文のように修正されて戻ってきたことがあります。私が作成した明細書の原稿を丁寧に修正していただいたことは、大変ありがたいことですが、特許出願の書類としての明細書は、学術論文とはやはり異なります。

技術内容が記載された技術系の書類という点においては、明細書は、学術論文と同じです。

しかし、前述したように、明細書は、発明の技術内容を開示・説明する技術文献としての機能と、権利範囲を確定させる権利書としての機能と、を有します。そのため、**性質および性格の点において、明細書は、学術論文と同じではありません。**

また、学術論文と同程度の詳細内容を明細書に記載しない方が良い場合も多いです。

特許出願の書類としての明細書は、原則として、特許出願の日から1年6ヶ月を経過したときに世界中に公開されます。日本人に限られず外国人であっても、外国からインターネットを利用して日本国特許庁のホームページにアクセスすることで、特許出願の日から1年6ヶ月を経過し公開された特許出願に関する公報を見ることができます。

明細書が前述した2つの機能を有するため、特許法の規定によれば、明細書に記載された発明の説明（厳密には「発明の詳細な説明」）は、特許を受けようとする発明（厳密には後述する「請求項」に係る発明）について、当業者（その発明の属する技術の分野における通常の知識を有する者）が実施できる程度に明確かつ十分に記載したものでなければなりません。また、明細書(厳密には「特許請求の範囲」)の記載について、特許を受けようとする発明が明確でなければなりません。

しかし、特許法がこのように規定していたとしても、学術論文に記載された内容ほどの詳細な内容を特許出願の書類としての明細書に記載する必要はないことが多いです。

明細書を含む特許出願の書類について、発明者と、知的財産部の担当者と、弁理士と、の三者の間で合意が取れると、いよいよ特許出願です。

3-4 特許に関する手続等の流れ3——「特許出願」

特許出願とは、前述した特許出願の書類（(1) 願書、(2) 明細書、(3) 特許請求の範囲、(4) 要約書、(5) 必要な図面）を特許庁に提出する手続のことです。「特許を申請する」という言葉をよく耳にしますが、正式には「特許申請」ではなく「特許出願」といいます。

出願人（多くの場合、企業）自身が特許出願をすることも可能ですが、ほとんどの場合、弁理士が代理人となって特許出願をします。具体的には、ほとんどの場合、特許事務所が特許出願の手続を行います。

特許出願は、特許庁の窓口で書面を提出したり、郵送等で特許庁に書面を提出したりすることで手続を行うことも可能ですが、最近ではほとんどの場合、インターネットを利用して電子的に手続を行います。

インターネットを利用して特許出願をする場合には、電子証明書の取得およびインターネット出願ソフトのインストールなどの事前準備を必要とします。また、特許出願の手続は複雑・煩雑です。そのため、特許出願については、弁理士に依頼したり相談したりすることをお勧めします。

3-5　特許に関する手続等の流れ4――「出願審査請求」

知的財産部に所属している方々は「出願審査請求」をご存知だと思いますが、重要な手続であるにもかかわらず世間的にあまり知られていない手続が、この「出願審査請求」です。

実は、特許出願を行っただけでは、特許出願の審査は、始まりません！

特許出願の審査とは、特許出願に係る発明について特許を受けることができるか否かを特許庁の審査官が判断する処理のことです。特許出願の審査は、出願審査請求がなされてから始まります。言い方を換えれば、出願審査請求をしない限り、特許出願の審査は、始まりません！　もっと言い方を換えれば、出願審査請求をしない限り、特許権を取得することはできません！

特許出願に係る発明について特許を受けたいと思う場合、つまり特許権を取得したいと思う場合には、必ず出願審査請求をする必要があります！

「特許出願をしたにもかかわらず特許権を取得しなくても良いと思うことがあるのか？」と思う方もいると思います。

実は、そのような場合があります！

例えば、特許出願をしたものの、特許出願後における市場の動向および事業の展望などを検討した結果、その特許出願に係る発明について、費用、時間および労力をかけてまで特許権を取得しなくても良いと思う場合があるのです。そのため、「本当に特許権を取得しようと考える発明についての特許出願のみ、出願審査請求をしてくだ

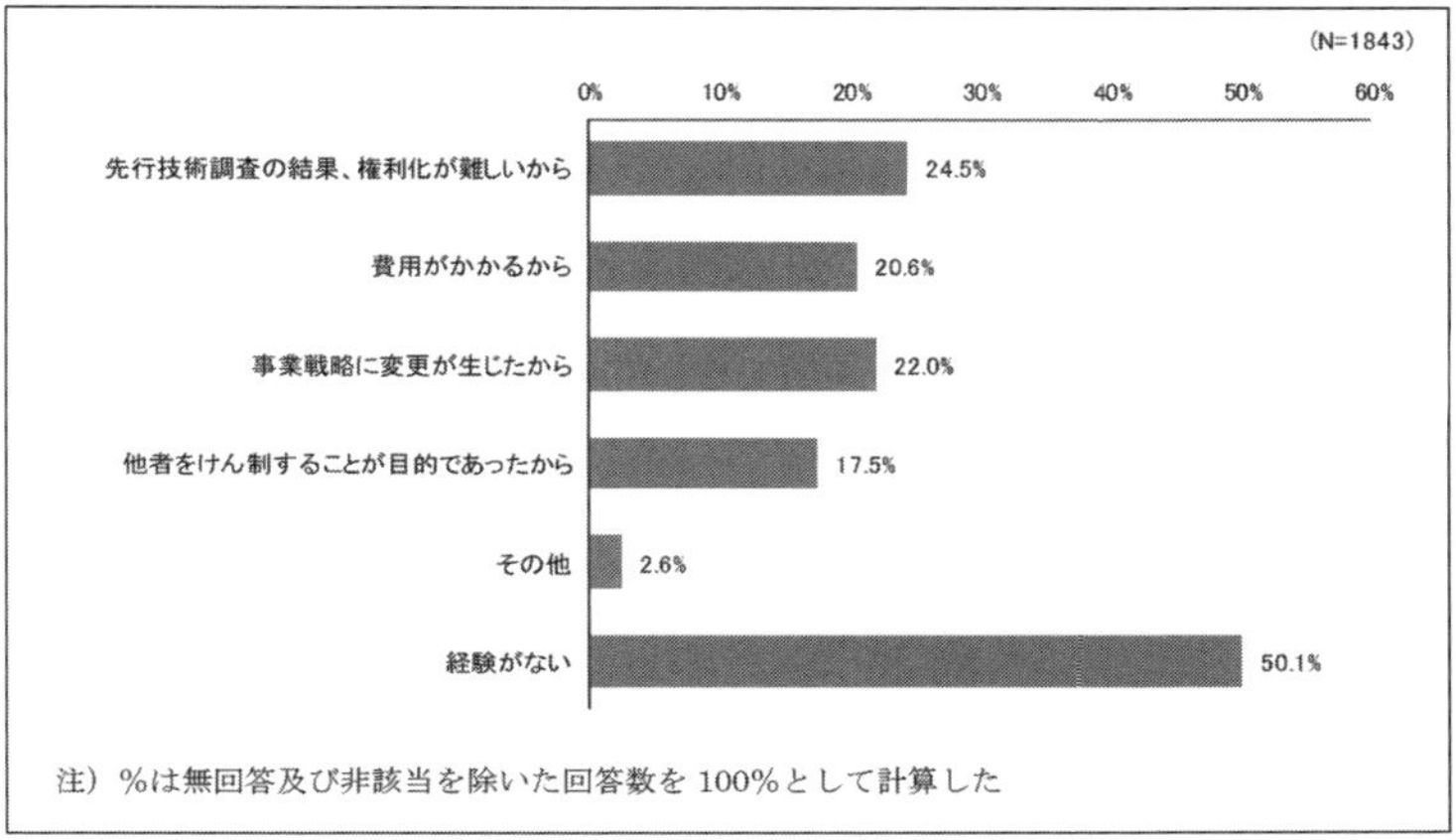

（図３-２　出願後に審査請求を行わなかった理由（複数回答））

さい。」という制度が、出願審査請求の制度です。

次に、特許庁の『「中小企業の知的財産活動に関する基本調査」報告書』の中の「出願後に審査請求を行わなかった理由」で示されたグラフを示します。

「図３-２　出願後に審査請求を行わなかった理由（複数回答）」に示したグラフのように、「先行技術調査の結果、権利化が難しいから」（24・５％）、「費用がかかるから」（20・６％）、「事業戦略に変更が生じたから」（22・０％）、「他者をけん制することが目的であったから」（17・5％）などの理由により、出願後に審査請求を行わなかった経験を持つ中小企業が存在することを理解していただけると思います。

出願審査請求は、特許出願の日から**3年以内**にする必要があります。出願審査請求は、特許出願と同時に行うこともできますし、出願審査請求の期限（特許出願の日から3年）のぎりぎりに行うこともできます。

それでは、特許出願の日から3年以内に出願審査請求をしなかった場合、特許出願は、どうなると思いますか？

その場合には、原則として、特許出願は、取り下げたものとみなされます！　つまり、特許出願の日から3年以内に出願審査請求をしなかった場合には、原則として、特許権を取得する途が閉ざされます！

「原則として」と記載したように、一定の要件を満たすと、例外として、出願審査請求の期間を徒過した場合における救済手続が認められます。

但し、これは、あくまでも救済手続です！　本当に特許権の取得を目指す場合には、

出願年	出願件数	上段：審査請求件数　下段：審査請求率				
		出願年	１年目	２年目	３年目	合計
2013年	328,436	58,587	32,204	54,525	88,392	233,708
		17.8%	9.8%	16.6%	26.9%	71.2%
2014年	325,989	60,288	32,598	55,387	85,690	233,963
		18.5%	10.0%	17.0%	26.3%	71.8%
2015年	318,721	60,689	33,336	54,476	80,416	228,917
		19.0%	10.5%	17.1%	25.2%	71.8%
2016年	318,381	63,340	36,415	51,038	80,564	231,357
		19.9%	11.4%	16.0%	25.3%	72.7%
2017年	318,481	63,537	37,614	50,218	81,542	232,911
		20.0%	11.8%	15.8%	25.6%	73.1%
2018年	313,567	65,241	35,223	49,408	79,875	229,747
		20.8%	11.2%	15.8%	25.5%	73.3%
2019年	307,969	69,177	33,501	51,960	75,356	229,994
		22.5%	10.9%	16.9%	24.5%	74.7%
2020年	288,472	67,764	33,836	46,069	-	147,669
		23.5%	11.7%	16.0%	-	51.2%
2021年	289,200	72,903	34,299	-	-	107,202
		25.2%	11.9%	-	-	37.1%
2022年	289,530	78,039	-	-	-	78,039
		27.0%	-	-	-	27.0%

図３-３ 出願審査請求の推移

特許出願の日から3年以内に出願審査請求をしましょう！

２０１３年から２０２２年までの出願審査請求の推移を次に示します。

「図3-3　出願審査請求の推移」によれば、特許出願の件数のうち特許出願の日から3年以内に出願審査請求がなされた件数の割合は、約70%強です。つまり、約30%弱の特許出願は、特許出願の日から3年以内に出願審査請求をせずに、取り下げたものとみなされています。

また、特許出願の日から3年のうちで3年目の審査請求率が、各年の特許出願について一番高くなっています。これにより、出願人が市場の動向および事業の展望などを見極め、真に特許権を取得すべきか否かを検討してから出願審査請求をしていることが推測できます。

出願審査請求を行う場合には、審査請求料を特許庁に納付する必要があります。本書を執筆中の2024年の時点で、特許庁に納付する審査請求料は、通常、「13万8000円＋（請求項の数×4000円）」です。

「請求項」とは、出願人が特許を受けようとする発明を記載した項をいい、前述した「特許請求の範囲」と呼ばれる書類の中に記載されます。請求項は、「クレーム」と呼ばれることもあります。

特許請求の範囲の書類の中には、複数の請求項を記載することができます。つまり、1つの特許出願において、複数の請求項を記載することができます。

例えば、請求項の数が5つである場合、特許庁に納付する審査請求料は、通常、

13万8000円＋（5×4000円）＝15万8000円です。

特許権が発生すると、請求項に記載された発明のそれぞれについて特許権の効力が発生します。例えば、5つの請求項が「特許請求の範囲」の書類に記載された特許出願について特許権が発生すると、5つの特許権の効力が発生することになります。

中小企業、中小スタートアップ企業、小規模企業、個人および大学等を対象に、審査請求料について、一定の要件を満たした場合、特許庁による減免措置を受けることができます。例えば、特許庁による減免措置を受けると、審査請求料は、中小企業の場合には1／2に軽減され、中小スタートアップ企業・小規模企業の場合には1／3に軽減され、大学の場合には1／2に軽減されます。

詳しいことは、以下の特許庁のウェブページをご覧いただくか、弁理士にご相談ください。

［特許庁のウェブページ］

・「特許料等の減免制度」https://www.jpo.go.jp/system/process/tesuryo/genmen/genmensochi.html（参照：２０２４年２月１２日）

・「２０１９年４月１日以降に審査請求をした案件の減免制度（新減免制度）について」https://www.jpo.go.jp/system/process/tesuryo/genmen/genmen20190401/index.html（参照：２０２４年２月１２日）

・「審査請求料の減免制度の改正（令和６年４月１日施行）に関するお知らせ」https://www.jpo.go.jp/system/process/tesuryo/genmen/genmen_240131.html（参照：２０２４年２月１２日）

3-6　特許に関する手続等の流れ5――「拒絶理由通知」、「拒絶理由通知に対する応答」

第2章で紹介した通り、出願審査請求をすると、多くの場合、出願人は、特許出願の審査の結果として特許庁の審査官から拒絶理由通知を受けます。

「拒絶理由通知」とは、特許を受けることができない理由（拒絶理由）が記載された書類（拒絶理由通知書）が通知されることです。

拒絶理由は様々ですが、主な拒絶理由として、「新規性」に関する拒絶理由と、「進歩性」に関する拒絶理由と、が挙げられます。

「**新規性**」とは、発明が客観的に新しいことをいいます。

特許法は、発明を奨励し産業の発達に寄与するために、新規発明公開の代償として排他的独占権たる特許権を付与します。すでに公開されている技術に排他的独占権たる特許権を付与すると、今まで自由に利用できていた技術が排他的独占権の対象になり、かえって産業の発達を阻害することになります。

そのため、すでに公開されている技術に関する発明は、新規性を有しない発明であることを理由として特許を受けることができません。

「**進歩性**」とは、当業者（その発明の属する技術の分野において通常の知識を有する者）がすでに公開されている発明等に基づいて容易に考え出すことができない困難性を言います。

新規性を有する発明であっても、当業者が容易に考え出すことができる発明に排他的独占権たる特許権を付与すると、技術の進歩を阻害することになります。

そのため、すでに公開されている発明等に基づいて当業者が容易に考え出すことができる発明は、進歩性を有しない発明であることを理由として特許を受けることができません。

すべての拒絶理由が解消しなければ、特許を受けることはできません。

一概に断言することはできませんが、進歩性に関する拒絶理由を解消することは、一筋縄ではいきません。

弁理士は、知的財産部の担当者および発明者と入念に打ち合わせをしたり、書面あるいはメールを通じて入念に意思疎通を図ったりして、どのような補正をして、どのような意見を特許庁の審査官に対して主張するのかを検討します。第２章で紹介した通り、場合によっては、特許出願の審査に関わる意思疎通を図るために、特許庁の審査官と面接をすることもあります。

そして、すべての拒絶理由がめでたく解消した場合に、「特許査定」を受けることができるようになるのです。

3-7　特許に関する手続等の流れ6――「特許料納付」、「特許権発生」

特許権を発生させるためには、特許査定を受けてから所定期間内に特許料を特許庁に納付する必要があります。

特許査定を受けただけでは、特許権は発生しません。

特許料の納付は、特許出願の場合と同様に、最近ではほとんどの場合、インターネットを利用して電子的に手続を行います。

本書を執筆中の2024年の時点で、特許庁に納付する特許料は、通常、以下の通りです。

第1年から第3年まで：毎年4300円＋（請求項の数×300円）
第4年から第6年まで：毎年1万300円＋（請求項の数×800円）
第7年から第9年まで：毎年2万4800円＋（請求項の数×1900円）
第10年から第25年まで：毎年5万9400円＋（請求項の数×4600円）

審査請求料と同様に、**特許料についても、中小企業、中小スタートアップ企業、小規模企業、個人および大学等を対象に、一定の要件を満たした場合、特許庁による減**

免措置を受けることができます。例えば、特許庁による減免措置を受けると、特許料(第1年分から第10年分)は、中小企業の場合には１／２に軽減され、中小スタートアップ企業・小規模企業の場合には１／３に軽減され、大学の場合には１／２に軽減されます。

詳しいことは、前述した特許庁のウェブページをご覧いただくか、弁理士にご相談ください。

特許権の存続期間は、原則として、特許出願の日から20年をもって終了します。

但し、医薬や医療機器、農薬等の発明については、特許を受けたとしても、薬機法や農薬取締法等の特定の法律に基づく承認を受けなければ実施できません。そこで、一定の要件を満たすことで、例外として、５年を限度として特許権の存続期間の延長登録が認められます。

「特許権の存続期間は、原則として、特許出願の日から20年をもって終了します」

というと、「原則として、特許権が特許出願の日から発生して20年間存続する」と誤解をする方がいますが、そうではありません。

「特許権の存続期間は、原則として、特許出願の日から20年をもって終了します」とは、あくまでも、特許権の存続期間の終期のことをいっています。

特許権の存続期間の始期は、特許査定を受けてから特許料を特許庁に納付した後の「特許権の設定の登録の日」です。特許権の設定の登録については、特許庁が処理します。

特許権の存続期間の終期は、原則として、特許出願の日から20年です。もちろん、前述した各年の特許料を納付しなかった場合には、特許権は、特許出願の日から20年よりも先に特許料不納により消滅します。

特許出願から特許権の存続期間の終了までの一例を以下に示します。

ここまで、出願から特許権取得までの流れを整理してきました。次の章では、なぜ

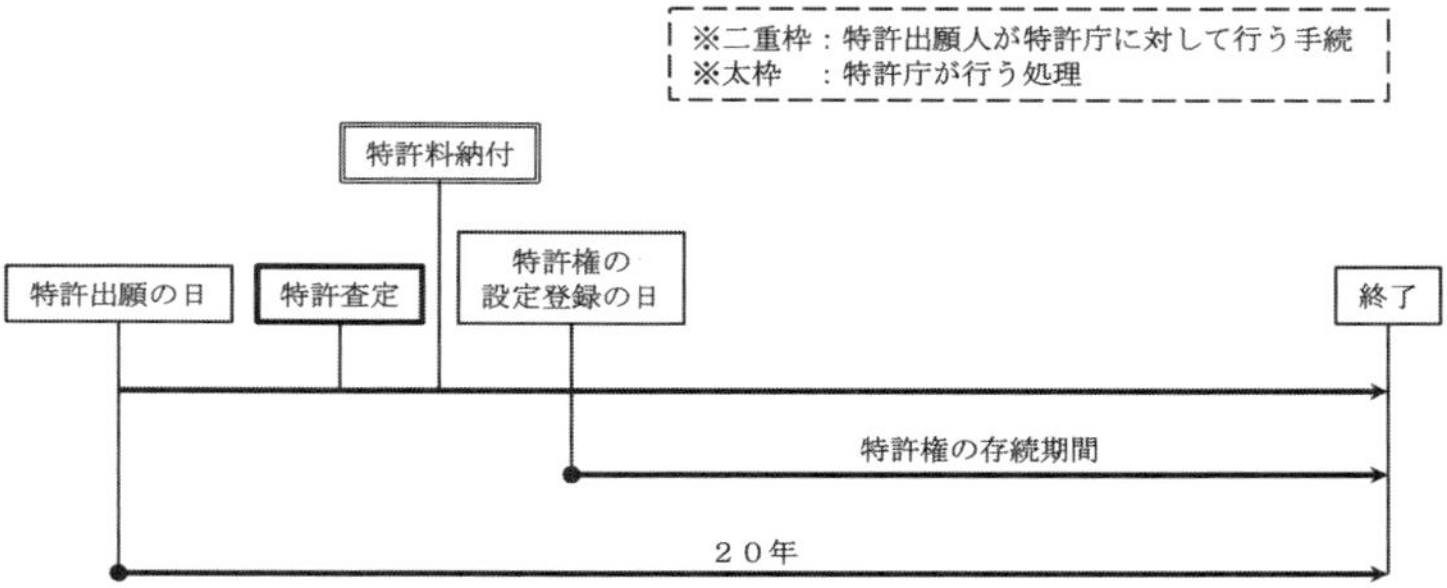

（図３-４ 特許出願から特許権の存続期間の終了までの一例）

これほど「大変な手続き」を経てでも、特許権の取得、すなわち知的財産の保護が重要になるのか、これを弁理士の立場からご説明していきたいと思います。

第4章 弁理士の立場から見た知財実務の意義

第4章　弁理士の立場から見た知財実務の意義

4-1　特許出願の目的

よくある「思い違い」

突然ですが、特許出願をする目的は、何だと思いますか？

質問を変えますと、特許出願をするメリットは、何だと思いますか？

特許についての説明が記載された書籍やウェブページ等では、例えば、特許出願をする目的・メリットとして次のような事項が記載されています。

☆特許発明を独占的に実施できる（模倣品の流通を防止できる）。
☆他社が特許発明を実施した場合には、その他社（権利侵害者）に対して差し止めや損害賠償を請求できる。
☆実施料（ライセンス料）を得ることができる。
☆自社の技術力をアピールできる。
☆社会的信用度を向上させることができる。

特許に関する詳しい知識を持っていない方でも、特許権が排他的独占権であり、自社（特許権者）だけが特許発明を独占的に実施できる、という話を聞いたことがあると思います。また、仮に他社が自社の特許発明を実施した場合には、自社(特許権者)は、特許権侵害訴訟を提起し、その他社に対して差し止めや損害賠償を請求できる、という話を聞いたことがあると思います。その認識は、正しいです。ニュース等で報じられている通り、特許権侵害に関する争いが企業間で実際に発生しています。そのため、先に挙げた目的・メリットについては、納得できると思います。

以下に、特許庁の『「中小企業の知的財産活動に関する基本調査」報告書』の中のグラフを基に筆者が作成したグラフを示します。

「図4-1　特許権を保有する目的および効果（複数回答）」によれば、中小企業は、「他社の参入を防ぎ、市場を確保する」、「模倣品や類似品を排除する」、「技術力の証明など信用力を向上させる」および「技術や商品などのブランド力を高める」などを主な目的として特許権を保有し、目的相応の効果（メリット）を得ることができています。

そのため、私も、先に挙げた目的・メリットについては、一応納得できます。

それでは、もう一度、質問します。

特許出願をする目的・メリットは、何だと思いますか？

先に挙げた目的・メリットは、特許権を取得（保有）する目的・メリットであり、

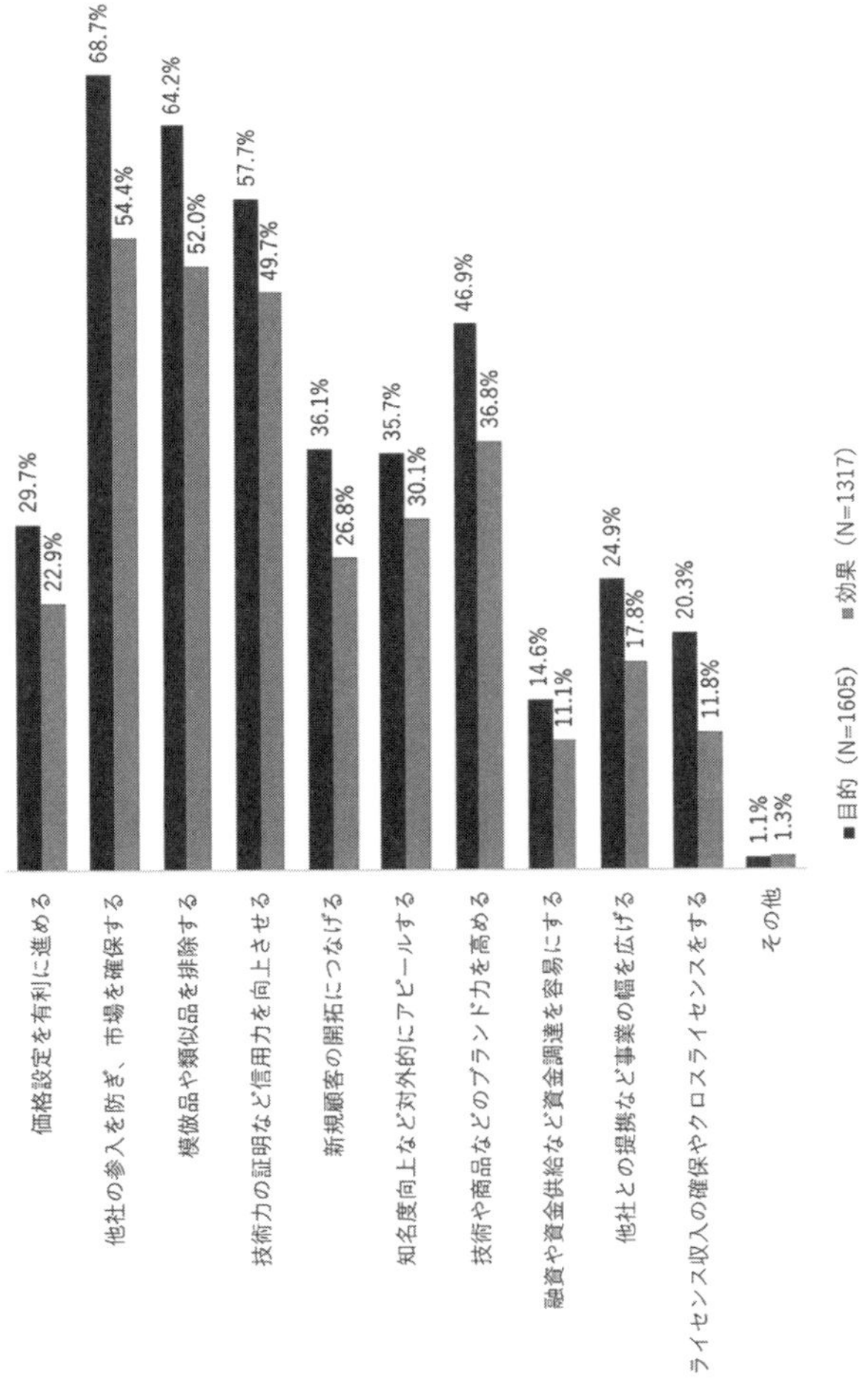

図４－１　特許権を保有する目的および効果（複数回答）

言い換えれば、特許権を取得できた後に得られるメリットです。

第3章で述べた通り、特許出願をしたからといって、必ずしも特許権を取得できるとは限りません。例えば「新規性」および「進歩性」などに関する拒絶理由を解消できなければ、特許を受けることはできません。そのため、特許出願をしたからといって、必ずしも先に挙げたメリットを得られるとは限りません。

では特許出願をして特許権を取得できなかった場合には、特許出願をしたメリットも得られないのでしょうか？

はたまた特許権を取得できなければ自社の技術が公開されるだけで損をすることになるのでしょうか？

そうではありません！　特許権を取得する目的・メリットとは別に、特許出願をする目的・メリットが十分に存在するのです！　言い換えれば、特許出願をする必要性が十分に存在します。

つまり、厳密に言うと、「特許出願をする目的・メリット＝特許権を取得する目的・メリット」ではありません。

もちろん、特許出願の最終的な到着点に特許権取得があると考えれば、特許出願をする目的・メリットは、特許権を取得する目的・メリットに繋がっていると考えることもできますが、「出願」と「取得」それぞれのメリットは実は別々のものなのです。

「出願」のメリット

それでは、**特許出願をする**目的・メリットは、何でしょうか？

特許出願をする目的・メリットは、何と言っても、誰にも邪魔されずに自社の技術を実施できるようにする点にあります。自社の技術の実施を確保することが、特許出願をする最大の目的・メリットです。

自社の技術に関する発明について特許出願をすると、自社の特許出願の後に他社が同一の発明について特許出願をしても、他社はその同一の発明について特許を受けることができません。「特許は早い者勝ちだ！」などという話を聞いたことがあると思います。その通りです。**自社の特許出願は、他社が自社よりも先に特許出願をしていない限り、他社が同一の発明について特許権を取得することを阻止できます。**

第３章で述べた通り、特許出願の書類としての明細書等は、原則として、特許出願の日から１年６ヶ月を経過したときに「公開特許公報」という文献で公開されます。公開された自社の技術に関する発明と同一の発明については、新規性を有しない発明であることを理由として、他社は特許を受けることができません。

では、自社の特許出願の日から１年６ヶ月を経過する前（すなわち、自社の「公開特許公報」が発行される前）に、他社が自社の技術に関する発明と同一の発明について特許出願をした場合、他社の特許出願はどうなるのでしょうか？

特許出願の書類としての明細書等は、他社の特許出願時にはまだ公開されていないわけですから、他社の特許出願に係る発明は、「新規性を有しない発明である」とは言えないように思われます。では、他社は、自社の技術に関する発明と同一の発明について特許を受けることができるのでしょうか？

答えは、「いいえ（Ｎｏ）」です。特許法は、この場合についても規定しています。他社の特許出願は、自社の特許出願が公開された後に拒絶されます。この点については、特許法の規定が非常に複雑ですので、詳しいことを知りたい方は、弁理士に相談することをお勧めします。

「自社の特許出願の日から1年６ヶ月を経過する前に、他社が自社の技術に関する発明と同一の発明について特許出願をすることはあるのだろうか？」、「自社の特許出願のタイミングに近いタイミングで他社が自社の技術に関する発明と同一の発明について特許出願をすることはあるのだろうか？」と思う方もいるでしょう。

これが、実際にあるのです！　私も、この拒絶理由通知を受けたことがあります。拒絶理由通知を受けたということは、私は、前述の例では「他社（後願の特許出願人）」

の立場だったことになります。特に、**最先端技術に関する発明については、各社が同じようなタイミングで同一の発明をして特許出願をすることが十分にあり得ます。**

このように、自社が自社の技術に関する発明について特許出願をしておくと、他社は、自社の特許出願の後に同一の発明について特許出願をしても、その同一の発明について特許権を取得することはできなくなります。つまり、自社の特許出願に係る発明を実施した場合に、他社から特許権に基づいて警告を受けたり、差し止めや損害賠償を請求されたりするおそれを低減できます。**特許出願をする最大の目的・メリットは、ここにあります。誰にも邪魔されずに自社の技術を実施できるようにすること、すなわち自社の技術の実施を確保することが、特許出願をする最大の目的・メリットです。**

「出願自体の重要さ」がよくわかる例

仮に、自社が特許出願をしておらず、他社が自社の技術に関する発明と同一の発明について特許権を取得した場合を想定してみましょう。そして、他社の特許権の権利範囲（厳密には「特許発明の技術的範囲」といいます。）に属する技術を自社が（他社の特許権の存在に気付かず）実施しており、他社（特許権者）が自社（権利侵害者）に対して差し止めおよび損害賠償を請求したと仮定しましょう。

この場合、他社（特許権者）の第1目的は、何だと思いますか？

他社の第1目的は、自社の侵害行為を停止させ、自社の技術の実施（製造・販売等）を停止させることでしょうか？　すなわち、他社の第1目的は、差し止めの請求でしょうか？

それとも、他社の第1目的は、自社の侵害行為により他社が受けた損害の賠償（金銭の賠償）を請求することでしょうか？　すなわち、他社の第1目的は、損害賠償の請求でしょうか？

一概に断言することはできませんが、ほとんどの場合、他社の第1目的は、自社の侵害行為を停止させ、自社の技術の実施（製造・販売等）を停止させること、すなわち差し止めの請求です。損害の賠償（金銭の賠償）の請求は、二の次です。

仮に他社が自社に対して損害の賠償（金銭の賠償）だけをする場合、自社は、多額の金銭を他社に対して支払わなければならず、大きなダメージを受けますが、自社の技術の実施を停止しなければならないわけではありません。この場合、自社は、自社の技術の実施（製造・販売等）をして、売上高を確保できます。

一方で、差し止めの請求が認められると、自社が自社の技術の実施（製造・販売等）を停止しなければなりません。場合によっては、侵害行為を組成した物の廃棄や、侵害の行為に供した設備の除却をしなければならないこともあります。そうすると、自社は、自社の技術に関する売上高を確保できなくなります。

工場の生産ラインを止めなければならない状況に陥るおそれもあります。第1章で述べた通り、量産ラインを止めると、1時間あたり数千万円～数億円の損失が生じると言われています。このような状況が続くと、会社は大打撃を受けます。

他社（特許権者）が一番やりたいことは、金銭を受け取ることではなく、自社（権

利侵害者）の侵害行為を停止させ、自社の技術の実施（製造・販売等）を停止させることです。

　したがって、**自社の技術に関する発明について特許出願をして、誰にも邪魔されずに自社の技術を実施できるようにすること、すなわち自社の技術の実施を確保することは、とても重要なことなのです！**

　他にも、特許出願をするメリットがあります。

　公開された自社の技術に関する発明と同一の発明については、「新規性」を有しない発明であることを理由として、他社は特許を受けることができない点を前述しました。これだけに留まらず、公開された自社の技術に関する発明に基づいて当業者が容易に考え出すことができる発明については、「進歩性」を有しない発明であることを理由として、他社は特許を受けることができません。つまり、自社の技術に関する発明と同一の発明だけではなく、自社の技術に関する発明に近い発明についても、自社の特許出願は、他社が自社よりも先に特許出願をしていない限り、他社が特許権を取得することを阻止できます。

さらに他にも、例えば、自社は実施をする予定はないけれども、他社に特許権を取得されたくない技術があるとします。あるいは、例えば、今後しばらく実施をする予定はないけれども、将来実施をする可能性があり、その際に、他社に特許権を取得されてしまうと邪魔になる技術があるとします。このように、自社は特許権を取得できなくても構わないけれども、他社が特許権を取得することを阻止したい場合がありま す。

このような場合、その技術に関する発明について特許出願をしておくと、自社の特許出願は、他社がその技術に関する発明について特許権を取得することを阻止できます。このような特許出願を「防衛出願」などと言います。

4-2 特許権取得の目的

特許権取得のメリット

前述したように、自社の技術に関する発明について特許出願をしておくと、誰にも邪魔されずに自社の技術を実施できます。

それでは、ここで質問です。

自社の技術が他社に実施される（真似される）ことを排除したいですか？　自社製品の模倣品が市場に流通することを防止したいですか？

答えが「はい（Ｙｅｓ）」であれば、出願審査請求（第３章参照）をして、特許権の取得を目指す必要があります。

特許出願は、他社が自社よりも先に特許出願をしていない限り、他社が同一の発明について特許権を取得することを阻止し、自社の技術の実施を確保できますが、他社の実施行為を排除することはできません。自社の技術に関する他社の実施行為を排除するためには、特許権の取得が必要です。

特許権を取得する目的・メリットは、何と言っても、自社の特許発明を実施する他社の行為を排除し、自社が特許発明を独占的に実施できる（模倣品の流通を防止できる）点にあります。特許権は、「排他的独占権」です！　また、特許権を取得すると、他社が自社の特許発明を実施した場合には、その他社（権利侵害者）に対して差し止めや損害賠償を請求できます。特許権を取得する他の目的・メリットとしては、本章の冒頭で述べた通り、「実施料（ライセンス料）を得ることができる」、「自社の技術力をアピールできる」および「社会的信用度を向上させることができる」などが挙げられます。

これらの目的・メリットについては、「図4-1　特許権を保有する目的および効果」の調査結果からも納得できると思います。

このように、厳密に言うと、「特許出願をする目的・メリット＝特許権を取得する目的・メリット」ではありません。自社の技術が他社に実施される（真似される）ことを排除したいのであれば、特許出願の段階から次の段階（特許権の取得を目指す段階）に進む必要があります。

ここで、注意点があります。

前述した通り、**自社が自社の技術に関する発明について特許出願をしておくと、他社は、自社の特許出願の後に同一の発明について特許出願をしても、その同一の発明について特許権を取得することはできなくなります**。つまり、自社の特許出願に係る発明を実施した場合に、他社から特許権に基づいて警告を受けたり、差し止めや損害賠償を請求されたりするおそれを**低減できます**。

確かにそうですが、ここで注意点として伝えたいことは、「**自社が自社の技術に関する発明について特許出願さえしておけば、自社の特許出願に係る発明を実施しても、他社から特許権に基づいて警告を受けたり、差し止めや損害賠償を請求されたりすることは絶対にない」というわけではない**という点です。

特許取得前の注意点

新規性欠如の拒絶理由通知を受けた場合

仮に、自社が自社の技術に関する発明について特許出願および出願審査請求をして、特許権の取得を目指す段階で、「新規性」を有しない発明であることを理由とする拒絶理由通知を特許庁の審査官から受けた場合を想定してみましょう。

この場合、自社は、前述した例において「他社（後願の特許出願人）」に相当し、特許権の取得を阻止される側の立場にいます。**つまり、この場合、自社の技術に関する発明と同一の発明について、自社の特許出願（後願）よりも先の他社の特許出願（先願）が存在するということです。**

ここで注意しなければならないことは、**その「先の他社の特許出願（先願）」について特許権が発生し、その特許権が今も存続中である場合です。この場合、自社が自社の特許出願に係る発明を実施する行為は、他社の存続中の特許権を侵害する行為に該当します。**この点を注意してください。

第3章で述べた通り、実務においては、特許出願をする前に先行技術調査を行います。そのため、自社の特許出願に係る発明と同一の発明について、他社の存続中の特許権に係る「先の他社の特許出願（先願）」が存在することは稀です。なぜならば、特許出願前の先行技術調査の結果、自社の技術に関する発明（すなわち特許出願を検討している発明）と同一の発明について、他社の特許権が存続中であることが判明した場合、他社の特許権の権利範囲を回避した他の技術に関する発明について特許出願をするからです。また、他社の特許権の権利範囲を回避した他の技術を実施することが通常であり、すなわち、他社の存続中の特許権を侵害することがないように他の技術を実施することが通常です。

そのため、自社の特許出願に係る発明を実施する行為が他社の存続中の特許権を侵害する行為に該当することは稀ですが、可能性としてゼロではないため、ここに注意点として述べておきます。

一方で、その「先の他社の特許出願（先願）」が拒絶査定を受けて特許権が発生していない場合や、その「先の他社の特許出願（先願）」について特許権が一旦発生していても何らかの理由（例えば年金未納付や存続期間満了などの理由）で特許権が消滅している場合など、その特許権が存続していない場合には、自社は、自社の特許出願に係る発明を自由に実施できます。もちろん、前述した通り、他社（第三者）は、自社の特許出願の後に同一の発明について特許出願をしても、その同一の発明について特許権を取得することはできません。そのため、自社は、自社の特許出願に係る発明を堂々と自由に実施できます。

なお、「新規性」を有しない発明であることを理由とする拒絶理由通知を受けた場合に、どのようにして「新規性」（さらには「進歩性」）に関する拒絶理由を解消し、特許権の取得を目指していくかについては、第2章および第3章で述べた通り、弁理士と知的財産部の担当者との腕の見せ所です！

進歩性欠如の拒絶理由通知を受けた場合

次に、「進歩性」を有しない発明であることを理由とする拒絶理由通知を特許庁の審査官から受けた場合を想定してみましょう。

この場合、自社の技術に関する発明と同一の発明について、自社の特許出願（後願）よりも先の他社の特許出願（先願）は存在しません。自社の特許出願（後願）に係る発明は、先の他社の特許出願（先願）に係る発明に基づいて当業者が容易に考え出すことができる発明に該当しますが、先の他社の特許出願（先願）に係る発明と同一の発明ではありません。そのため、自社の技術に関する発明と同一の発明について、他社の特許権は存在しません。そのため、自社は、自社の特許出願に係る発明を自由に実施できます。

なお、「進歩性」を有しない発明であることを理由とする拒絶理由通知を受けた場合にも、どのようにして「進歩性」に関する拒絶理由を解消し、特許権の取得を目指していくかについては、弁理士と知的財産部の担当者との腕の見せ所です！

特許権取得後の注意点

また、めでたく特許権を取得できた後にも注意点があります。

それは、自社の特許出願（後願）に係る特許発明が、先の他社の特許出願（先願）に係る特許発明を利用するものであるとき、自社は自社の特許出願（後願）に係る特許発明を実施できません。

「利用」とは、一方の権利客体（権利内容）を実施すれば、他方の権利客体（権利内容）の全部実施となるが、その逆は成立しない関係を言います。簡単に言うと、後の特許出願（後願）に係る特許発明が、先の特許出願（先願）に係る特許発明をそっくりそのまま含んでいる関係を言います。例えば、先の特許出願（先願）に係る特許発明Aが「時針」と「分針」と「秒針」とを備えた時計であり、後の特許出願（後願）に係る特許発明Bが「時針」と「分針」と「秒針」と「日付機構」とを備えた時計である場合、特許発明Bは特許発明Aの利用発明に該当し、利用関係が成立します。この場合、自社の後の特許出願（後願）に係る特許発明を実施する行為は、他社の先の特許出願（先願）に係る特許発明についての特許権を侵害する行為に該当します。

「えっ？　せっかく特許権を取得できたのに、自社の特許発明を実施できないの？　そもそも、他社の特許権を侵害すると分かっている発明について、なぜ特許を受けることができるの？」と疑問を持った方も多いと思います。

他社の特許権を侵害すると分かっている発明であっても、その発明に「進歩性」が認められれば、特許を受けることができます。前述した時計の例において、「日付機構」を付加した点に「進歩性」が認められれば、特許を受けることができます。

特許権を取得する前の段階と、特許権を取得した後の段階と、では、考え方を変える必要があります。

ここまでくると、特許に関する詳しい知識を持っていない方は、頭の中が「？？？」になると思います。特許法に関する詳細な説明は、本書の趣旨にそぐわないため、専門書に預けます。詳しいことを知りたい方は、弁理士に相談してください。

それでは、自社の特許出願（後願）に係る特許発明が、先の他社の特許出願（先願）に係る特許発明を利用するものであるとき、自社は自社の特許出願（後願）に係る特許発明を実施できる機会を得られないのでしょうか？

そうではありません！　せっかく特許権を取得できたのに、自社の特許発明を実施できる機会が得られないなんて、そんなはずはありません！

特許法には、このような場合に、自社の特許発明を実施できる機会を与えるための規定があります。

自社は、先の特許出願（先願）に係る特許発明についての特許権を取得している他社（特許権者）に対して、自社の特許出願（後願）に係る特許発明を実施するための実施権（ライセンス）の許諾について協議を求め、実施権（ライセンス）の許諾を受けることで、自社の特許出願（後願）に係る特許発明を実施できます。

協議が成立しない場合あるいは協議をすることができない場合には、自社は、特許庁長官の裁定を請求することができます。

一方で、先の特許出願（先願）に係る特許発明についての特許権を取得している他社は、自社の特許出願（後願）に係る特許発明を実施できるのでしょうか？　前述した時計の例において、「時針」と「分針」と「秒針」とを備えた時計（特許発明A）についての特許権を取得している他社は、「日付機構」を付加した時計についての自社の特許発明Bを実施できるのでしょうか？

答えは、「いいえ（No）」です。自社の特許出願（後願）に係る特許発明を実施する他社の行為は、自社の特許出願（後願）に係る特許発明についての特許権を侵害する行為に該当します。

このように、自社の技術に関する発明について特許権を取得すると、たとえ利用の関係が成立するときの他社（先の特許出願（先願）に係る特許発明についての特許権を取得している特許権者）が存在する場合であっても、自社の技術に関する他社の実施行為を排除できます。前述した通り、特許権を取得する目的・メリットは、何と言っても、この点（自社の特許発明を実施する他社の行為を排除できる点）にあります。

なお、自社が、先の特許出願（先願）に係る特許発明についての特許権を取得している他社（特許権者）に対して、自社の特許出願（後願）に係る特許発明を実施するための実施権（ライセンス）の許諾について協議を求めた場合、その他社は、逆に、自社がその他社から許諾を受けて実施をしようとする特許発明の範囲内において、実施権（ライセンス）の許諾について協議を求め、実施権（ライセンス）の許諾を受けることで、自社の特許出願（後願）に係る特許発明を実施できます。

これを「クロスライセンス」と言います。

クロスライセンスのネタを得ることができる点についても、特許権を取得するメリットとして挙げることができます。

これもやや複雑な事情がありますので、詳しいことを知りたい方は、弁理士に相談してください。

まとめ：特許出願・特許権取得の大切さ

以上述べた通り、自社が自社の技術に関する発明について特許出願をしておくと、他社は、自社の特許出願の後に同一の発明について特許出願をしても、その同一の発明について特許権を取得することはできなくなります。一部制限を受けてしまう例外もありますが、自社の特許出願に係る発明を実施した場合に、他社から特許権に基づいて警告を受けたり、差し止めや損害賠償を請求されたりするおそれを低減できます。つまり、誰にも邪魔されずに自社の技術を実施すること、すなわち自社の技術の実施を確保することができます。

さらに、特許権を取得すると、自社の特許発明を実施する他社の行為を排除し、自社が特許発明を独占的に実施できます。

特許出願は、世界で未だ公開されていない技術を企業が守り抜いていく戦略のひとつであり、自社の技術を誰にも邪魔されずに実現・実施するという意気込みの現れです。国家が領土・領海・領空について主権を有するのと同様に、企業は、自社の技術について特許出願をして特許権（企業の技術的主権）を取得し、自社の技術力の範囲（縄張り）を守り抜く意気込みを見せる必要があります！　つまり、特許出願および特許権取得は、自社の技術を断固として守り抜く魂の現れであり、まさに企業の生き様そのものです！

4-3　特許出願をするか否かの判断

特許出願をする目的・メリットを前述しましたが、それでも、特許出願をして特許権を取得できなかった場合には自社の技術が公開されるだけで損をする、と考える方もいると思います。特許出願をする目的・メリットを理解することはできるが、自社の技術をノウハウとして秘匿化し、特許出願をしない方がいいのではないか、と考える方もいると思います。

もちろん、自社の技術をノウハウとして秘匿化し、特許出願をしないことも、知財戦略のひとつです。私は、自社の技術のすべてについて特許出願をすべきであるとは思いません。

それでは、自社の技術をノウハウとして秘匿化する判断基準は、一体どのようなものでしょうか。

ノウハウとして秘匿化する判断基準は様々ですが、主な判断基準は、以下の通りです。

☆自社の技術が他社の技術と比較してずば抜けており、他社が自社の技術を実施することが困難である場合
☆他社が自社の製品を分解しても自社の技術の秘密を保持できる場合
☆他社が自社の技術に関する特許権を侵害する行為を容易に発見できない場合

少なくともいずれかの場合に該当するときには、自社の技術をノウハウとして秘匿化し、特許出願をしないことも、知財戦略のひとつとして有効です。

但し、自社が特許出願をしないうちに、他社が自社の技術に関する発明と同一の発明について特許出願をして特許権を取得した場合には、他社（特許権者）が自社（権利侵害者）に対して差し止めおよび損害賠償を請求するおそれがあります。

この場合であっても、他社の特許出願前に、自社がその技術を実施している場合には、他社の特許を無効にできたり、先使用権（厳密には「先使用による通常実施権」といいます。）を主張できたりすることもあります。但し、立証の困難性や、特許無効審判および裁判にかかる手間・費用などを考慮すると、自社の技術に関する発明についても特許出願をしておいた方が安心であるとも言えます。

特許法についてある程度の知識を持っている方の中には、先使用権を当てにしている方もいます。つまり、自社が特許出願をしていなくても、他社の特許出願前に、自社がその技術を実施している場合には、先使用権が認められるから安心であると。しかし、その考え方は、非常に危険です！

先使用権は、先願主義（同一の発明について複数の出願があったときには、最先の出願人のみが特許を受けることができること）の原則に対する例外として認められるものであり、先願者の特許権と、その例外としての先使用権と、の間の微妙なバランスの上に立脚するものです。

他社の特許出願前に、自社がその技術を実施しているからといって、先使用権が必ずしも認められるわけではない点に注意してください。先使用権を過信することは、危険です！

以下に、特許庁の『「令和４年度知的財産活動調査」結果の概要』の中で示されたグラフを示します。

「図４-２　企業規模別の届出された発明・考案の出願状況別割合」によれば、企業

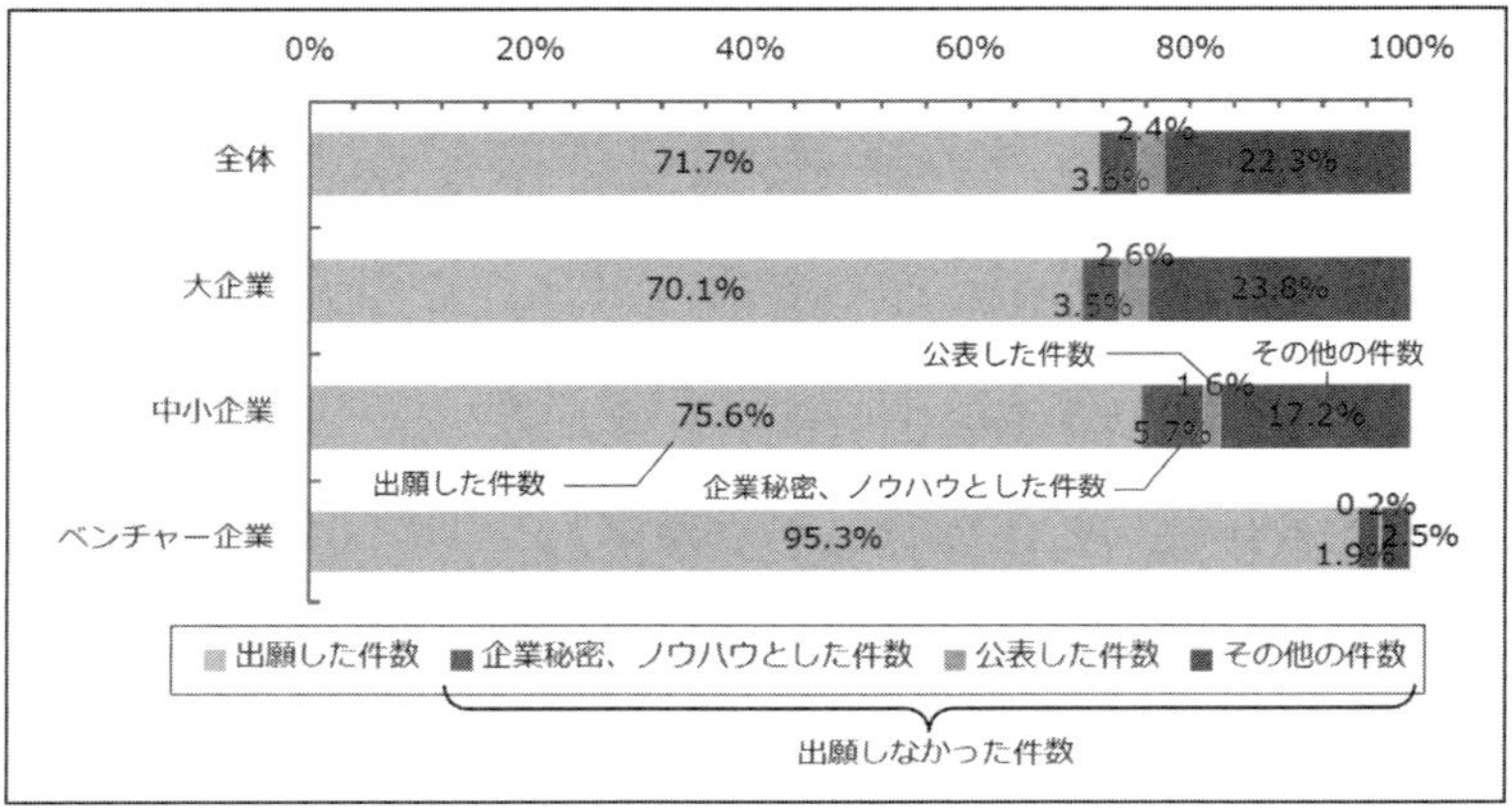

図4-2　企業規模別の届出された発明・考案の出願状況別割合

に届出された発明・考案のうち「出願した件数」は、企業全体として71・7%になっています。また、企業に届出された発明・考案のうち「企業秘密、ノウハウとした件数」は、企業全体として3・6%になっています。

さらに、企業規模別にみると、「中小企業」および「ベンチャー企業」の「出願した件数」の割合が、「大企業」の「出願した件数」の割合よりも高いことが分かります。

2　企業規模別の届出された発明・考案

貴社の知財戦略の参考として、「図4-

の出願状況別割合」を活用してください。

4-4　特許出願の時期

出願人の先行技術調査について

第３章で述べた通り、多くの場合、特許出願をする前に先行技術調査を行います。私の特許事務所では、特許出願をする前に必ず先行技術調査を行うと言っても過言ではありません。知的財産部が存在する企業の場合、知的財産部の担当者が先行技術調査を行うことが多いです。この場合には、知的財産部の担当者が行った先行技術調査の結果を有効に活用させていただいています。

ここで、特許出願前の先行技術調査に関して、私が重視している点があります。**それは、特許出願の時期と、先行技術調査の程度と、の間のバランスです。**先行技術調査の程度とは、先行技術調査の精度および先行技術調査にかける時間・費用などの度合いであると考えてください。

特許出願を検討している発明について、**新規性**が欠如しているか否かを判断できる程度に先行技術調査の程度を高めることは大事です。言い換えれば、特許出願を検討している発明と同一の発明が記載された先行技術文献が存在するか否かを調査できる程度に先行技術調査の程度を高めることは大事です。

その理由は、すでに公開されている発明と同一の発明について特許出願をしても、特許を受けることができる見込みはないからです。これは、特許制度が新規発明公開の代償として排他的独占権たる特許権を付与するものであることから明らかです。

また、特許出願を検討している発明と同一の発明が記載された先行技術文献が存在し、その発明について特許権が発生し、その特許権が今も存続中である場合には、その発明を実施する行為は、他社の存続中の特許権を侵害する行為に該当するからです。特許出願を検討している時期に、この点を確認しておく必要があります。

そのため、特許出願を検討している発明と、すでに公開されている発明と、の間に相違点（言い換えれば新規性）を見出すことができるか否かという観点で、先行技術調査の程度を高めることは大事です。先行技術調査の結果、特許出願を検討している発明と同一の発明が記載された先行技術文献が見つかった場合には、自社の技術に関する発明（すなわち特許出願を検討している発明）と、先行技術文献に記載された発明と、の間の相違点を明確にした上で、特許出願をするべきです。

これに対して、特許出願を検討している発明について、**進歩性**が欠如しているか否かを判断できる程度まで先行技術調査の程度を高める必要があるか、という点については、判断が難しいところです。つまり、先行技術調査の精度をどの程度まで高め、先行技術調査にどの程度の時間・費用をかけ、特許出願を検討している発明の進歩性を判断するのかという点については、判断が難しいところです。この点については、知的財産部が存在する企業であっても、判断が難しいところだと思います。

「進歩性」に関する拒絶理由を解消できなければ特許を受けることはできないため、特許出願を検討している発明の進歩性を判断できる程度まで先行技術調査の程度を高めたいと考えることは当然のことです。しかし、先行技術調査の精度をいくら高めても、先行技術調査にいくら時間・費用をかけても、特許出願を検討している発明の進歩性を先行技術調査の結果から完璧に判断することは困難です。

誤解を恐れずに言うと、**先行技術調査の結果、自社の技術に関する発明（すなわち特許出願を検討している発明）と、先行技術文献に記載された発明と、の間に相違点を見出すことができるのであれば、先行技術調査に対してそれ以上の精度を求めたり、それ以上の時間・費用をかけたりすることなく、特許出願をする方が賢明です。**

私は、決して、進歩性のことはどうでもいいとか、進歩性のことは考えずに兎にも角にも特許出願をしましょうとか、そういうことを言っているのではありません。発明の進歩性の判断は、弁理士にとって重要なテーマです。私は、実務を通して発明の進歩性の判断を常に探究しており、発明の進歩性の判断を出願人から求められたときには見解を述べることに努めています。発明の進歩性の判断は、弁理士にとって永遠のテーマであると言っても過言ではありません。

第2章で述べた通り、先行技術調査の結果を考慮に入れ、進歩性に関する拒絶理由を特許出願前に予想し、進歩性に関する拒絶理由を解消可能な発明のネタを特許出願時の明細書・図面等に忍ばせておくことは重要です。特許を受けることができそうな発明のネタ（「落とし所」などと言うこともあります。）を特許出願前に入念に検討し、特許出願時の明細書・図面等に忍ばせておくことは、弁理士と知的財産部の担当者との腕の見せ所です！

先行技術調査を「完璧」にしなくてもよい

私が言いたいことは、先行技術調査の結果、自社の技術に関する発明（すなわち特許出願を検討している発明）と、先行技術文献に記載された発明と、の間に相違点を見出すことができるのであれば、先行技術調査に対してそれ以上の精度を求めたり、それ以上の時間・費用をかけたりすることなく、それまでの先行技術調査の結果を踏まえた上で進歩性に関する拒絶理由を特許出願前に予想し、進歩性に関する拒絶理由を解消できそうな発明のネタを検討する時間を確保しつつ、可能な限り早い時期に特許出願をする方が賢明だ、ということです。

その理由は、主に2つあります。

第1の理由は、特許法が「先願主義」を規定しているからです。先願主義とは、同一の発明について複数の出願があったときには、最先の出願人のみが特許を受けることができることを言います。つまり、前述した通り、特許は早い者勝ちです！　そのため、可能な限り早い時期に特許出願をして、自社が他社よりも先に特許出願をしておくことが大事です。この点については、本章の「4-1 特許出願の目的」「4-2 特許権取得の目的」に関して述べたことからも納得できると思います。

第2の理由は、**特許出願をして出願審査請求をすることで、特許庁の審査官が調査をしてくれるからです**。この点は、私が本章で伝えたかった事項のうちの1つです。第1の理由は、特許に関する詳しい知識を持っていない方でも聞いたことのある事項だと思いますが、第2の理由は、特許に関する詳しい知識を持っている方の中でも今まであまり意識していなかった方がいると思います。

極言すれば、出願人側が特許出願をする前に先行技術調査をしようとしまいと、いずれにせよ、特許庁の審査官が調査をするのです！　さらに、特許庁の審査官は、特許出願に係る発明について、特許を受けることができるか否かの判断（特許性の判断）までしてくれます。特許庁という国の機関の審査官が、特許出願に係る発明について、調査を行い、さらに特許性の判断までしてくれるのです！　この制度を活用しない手はありません！

そのため、先行技術調査の精度を高め過ぎたり、先行技術調査に時間・費用をかけ過ぎたりすることなく、先行技術調査の結果を踏まえた上で進歩性に関する拒絶理由を特許出願前に予想し、進歩性に関する拒絶理由を解消できそうな発明のネタを検討する時間を確保しつつ、可能な限り早い時期に特許出願をする方が賢明です。

誤解を招くことがないように伝えておきますと、私は、決して、特許出願前の先行技術調査は不要であるとか無意味であるとか、そういうことを言っているのではありません。あえてもう一度言いますと、先行技術調査の結果を踏まえ、自社の技術に関する発明（すなわち特許出願を検討している発明）と、先行技術文献に記載された発明と、の間の相違点を明確にした上で特許出願をするべきであり、進歩性に関する拒絶理由を解消できそうな発明のネタを特許出願時の明細書・図面等に忍ばせておくことは重要です。私の特許事務所では、特許出願をする前に必ず先行技術調査を行うと言っても過言ではありません。企業の知的財産部の担当者が先行技術調査を行った場合には、先行技術調査の結果を有効に活用させていただいています。

以下に、特許庁の『「中小企業の知的財産活動に関する基本調査」報告書』の中の「先行技術調査実施の有無」および「先行技術調査を実施しない理由」で示されたグラフを示します。

「図４-３　先行技術調査実施の有無」によれば、中小企業（N＝１９６６）のうち先行技術調査を「実施しない」の割合は22・５％になっており、先行技術調査を「実施しない」の割合と先行技術調査を「実施する場合と実施しない場合がある」の割合とを合わせると53・８％になります。思いの外、先行技術調査を「必ず実施する」の割合（46・２％）が低いと思った方も多いと思います。

「図４-４　先行技術調査を実施しない理由」によれば、複数回答可の調査において、先行技術調査を実施しない中小企業（N＝４２０）のうち24・５％が「費用がかかるから」に回答しており、先行技術調査を実施しない中小企業（N＝４２０）のうち15・２％が「調査に時間がかかるから」に回答しています。図４-４によれば、先

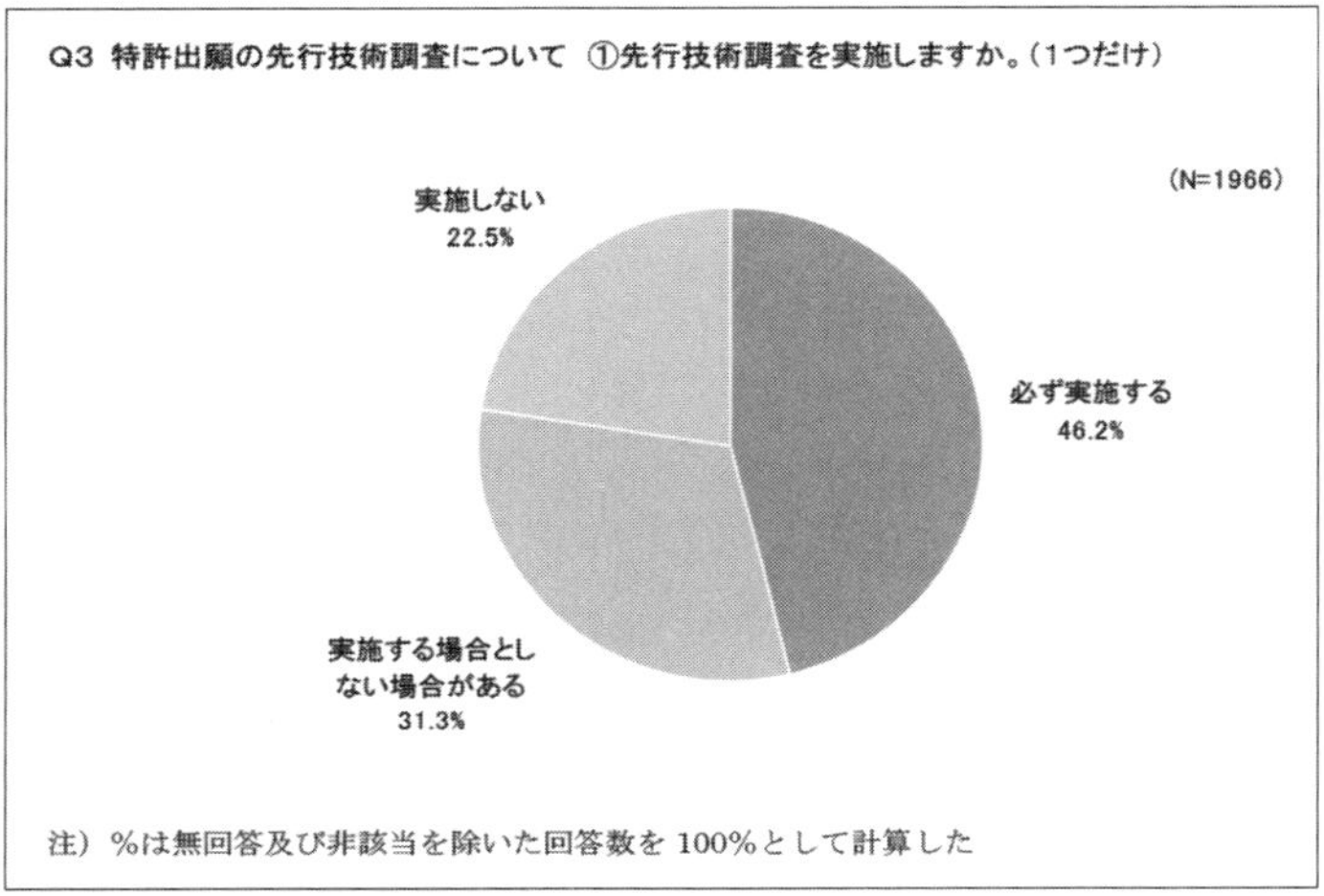

図4-3　先行技術調査実施の有無

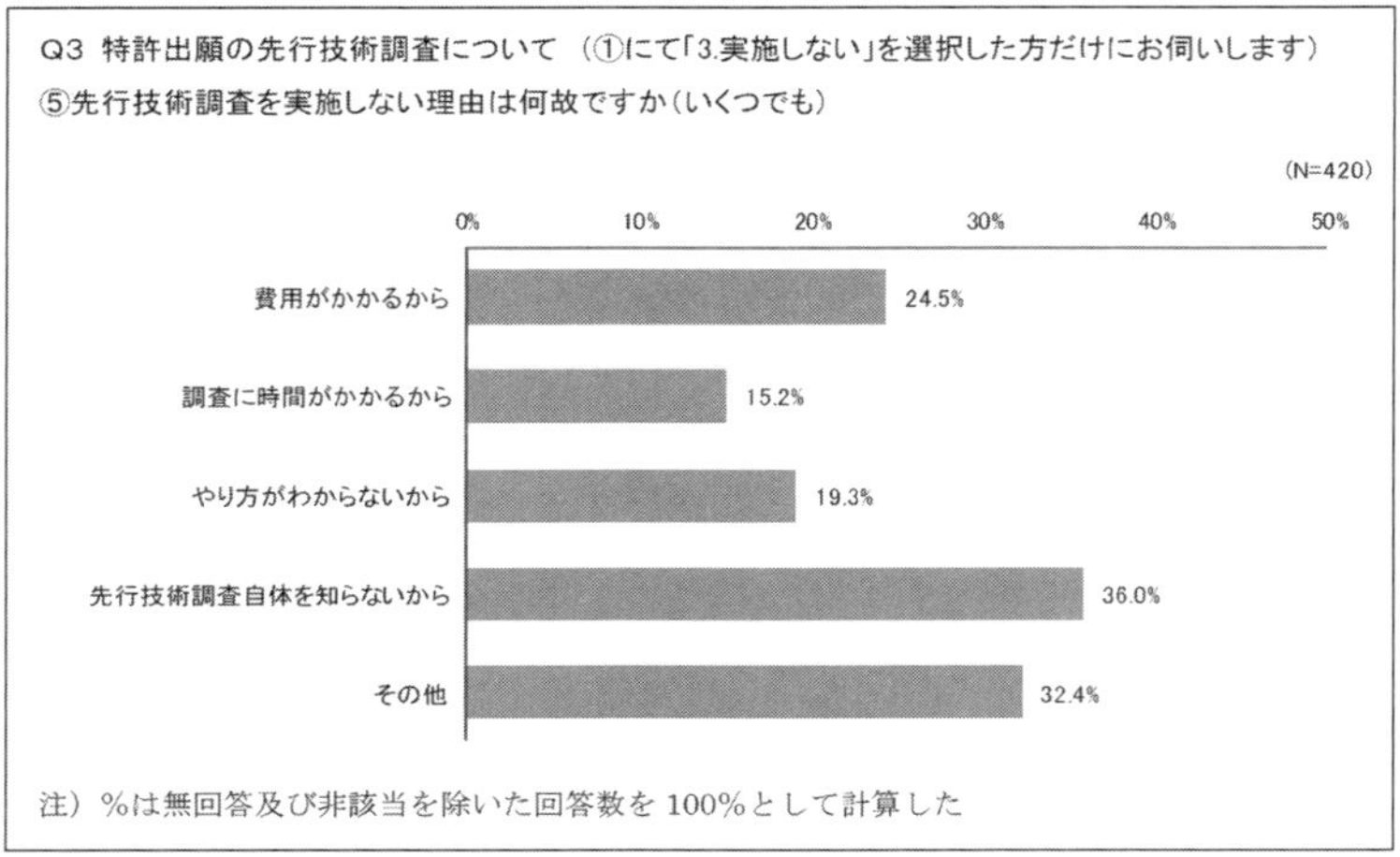

図4-4　先行技術調査を実施しない理由

行技術調査に費用および時間がかかるから先行技術調査を実施せずに特許出願をしようと考えている中小企業が、少なからず存在することが分かります。

知的財産部が存在する企業（特に大企業）の場合、会社の方針として、先行技術調査を実施しないなんてことはあり得ないと考える知的財産部の担当者がほとんどであると思いますが、前述した「第2の理由」とともに、貴社の知財戦略の参考として、図４-３および図４-４を活用してください。

特許庁の先行技術調査について

特許出願人が特許出願をして出願審査請求をすることで、特許庁の審査官が調査をしてくれることを前述しました。

ここで、特許庁の審査官が実施する調査と同程度の先行技術調査を出願人が実施できれば、新規性および進歩性に関する拒絶理由を高い確度で予想できるのではないか、と考えた方もいると思います。

やろうと思えばできます！

特許庁は、多数の特許出願を効率的に処理するために、審査の際に必要な先行技術調査を登録調査機関へ外注しています。本書を執筆中の２０２４年の時点で、９機関が登録調査機関として登録されています。登録調査機関は、特許庁から調査の依頼を受けると先行技術調査を実施し、先行技術調査の結果を特許庁の審査官に報告します。

９つの登録調査機関のうち特に特許庁長官の登録を受けた機関（「特定登録調査機関」と言います。）は、出願人等の求めに応じ特許出願について先行技術調査を行い、その結果を記載した調査報告を交付できることになっています。

［特許庁のウェブページ］

・「登録調査機関について（先行技術文献調査のプロ集団）」https://www.jpo.go.jp/system/patent/gaiyo/sesaku/toroku/touroku_chousa.html（参照：２０２４年４月30日）

・「特定登録調査機関について」 https://www.jpo.go.jp/system/patent/gaiyo/sesaku/toroku/tokuteitouroku_01.html（参照：２０２４年４月30日）

そのため、出願人等は、特定登録調査機関に先行技術調査を依頼することで、特定登録調査機関が特許庁の審査官に報告する調査結果と同程度の調査結果の報告を受けることができます。なお、特定登録調査機関が作成した調査報告は、依頼人（出願人等）に交付されると同時に、特定登録調査機関から特許庁にも提出されます。

特定登録調査機関が交付する調査報告を提示して出願審査請求をしたときは、出願審査請求の手数料が軽減されます。

本書を執筆中の２０２４年の時点で、特許庁に納付する審査請求料は、以下の通りです。

・通常の場合

13万8000円＋（請求項の数×4000円）

・特定登録調査機関が交付した調査報告書を提示した場合

11万円＋（請求項の数×3200円）

中小企業、中小スタートアップ企業、小規模企業、個人および大学等を対象に、審査請求料について、一定の要件を満たした場合、特許庁による減免措置を受けることができる点は、第3章に関して前述した通りです。

特定登録調査機関の先行技術調査の料金は、調査対象範囲および請求項の数に応じて変動しますが、調査対象範囲を国内特許文献調査に限定すると、約10万円程度になっています。

［特定登録調査機関のウェブページ］

・「一般財団法人工業所有権協力センター」　https://www.ipcc.or.jp/business/ipcc-

service/specific/　（参照：２０２４年４月30日）
・「株式会社技術トランスファーサービス」https://www.tectra.jp/post-2880/（参照：２０２４年４月30日）
・「株式会社ＡＩＲＩ」 https://www.airi-ip.com/srr-org/　（参照：２０２４年４月30日）

ここで、注意点があります。

特定登録調査機関に先行技術調査を依頼することができる案件（すなわち調査対象案件）は、（1）特許出願済みであること、（2）出願審査請求前であること、の２つの条件を満たす案件です。

つまり、特許出願をする前に、特定登録調査機関に先行技術調査を依頼することはできません。特許を受けることができそうな発明のネタを特許出願前に検討するために特定登録調査機関に先行技術調査を依頼することはできないということです。特定登録調査機関の制度は、特許庁の先行技術調査の外注先である登録調査機関の能力を出願人等も利用できるようにし、出願人による**効率的な出願審査請求を促す**ための環境を整備することを目的とするものだからです。

さらに、注意点があります。

特定登録調査機関が作成した調査報告は、依頼人（出願人等）に交付されると同時に、特定登録調査機関から特許庁にも提出されますが、特許庁の審査官が、いずれの文献を調査報告の中から引用し、どのような拒絶理由を通知するかについては、特許庁の審査官の判断次第であるということです。

特定登録調査機関に先行技術調査を依頼することで、確かに、特許出願人は、特許庁の審査官が拒絶理由通知書において示す引用文献を予想しやすくなり、出願審査請求前に権利化の見通しを立てることができます。

但し、特許庁の審査官は、独立して特許出願を審査し、特許出願人に対して引用文献を示して新規性および進歩性に関する拒絶理由を通知します。仮に、新規性および進歩性を否定する先行技術文献が存在しない旨の調査報告を特定登録調査機関が交付したとしても、その特許出願について、特許庁の審査官が同様の判断をする保証はないということです。

出願時期についてのまとめ

以上のことを考慮すると、特許出願人が特許出願前に実施した先行技術調査の結果、自社の技術に関する発明（すなわち特許出願を検討している発明）と、先行技術文献に記載された発明と、の間に相違点を見出すことができるのであれば、それまでの先行技術調査の結果を踏まえた上で進歩性に関する拒絶理由を特許出願前に予想し、進歩性に関する拒絶理由を解消できそうな発明のネタを検討する時間を確保しつつ、可能な限り早い時期に特許出願をして出願審査請求をする方が賢明であると思います。

まさに、弁理士と知的財産部の担当者との腕の見せ所です！

第5章　知財から日本再建を目指す！

第5章　知財から日本再建を目指す！

5-1　特許出願の「数と質」

日本での特許出願件数が減少している背景

世界の中で日本の技術力の低下がささやかれています。

経済力についても、日本のドル換算での名目GDPは、2023年にドイツを下回って4位に転落しました。

残念ながら、現在の日本の技術力は、米国（特に巨大IT企業GAFAM）の技術力には到底敵わず、気づけば中国の技術力にも追い抜かれてしまい、米国および中国などの技術先進国の技術力から周回遅れの状況であるとも言われています。

技術力に関する指標のひとつに特許出願件数があります。

「図5-1　日本国特許庁への特許出願件数の推移」および「図5-2　世界の特許出願件数の推移」によれば、**世界の特許出願件数は増加傾向にある一方で、日本国特許庁への特許出願件数は減少傾向にあります。**

「図5-1　日本国特許庁への特許出願件数の推移」および「図5-3　特許出願・実用新案登録出願の件数および総研究開発費の推移」によれば、日本国特許庁への特許出願件数は、２０００年～２００６年に年間40万件以上でした。特許出願件数と実用新案登録出願件数との合計が年間40万件以上だった頃が、１９８１年～１９９３年にもありました。

しかし、２０２０年に、日本国特許庁への特許出願件数は、年間30万件を下回ってしまいました。

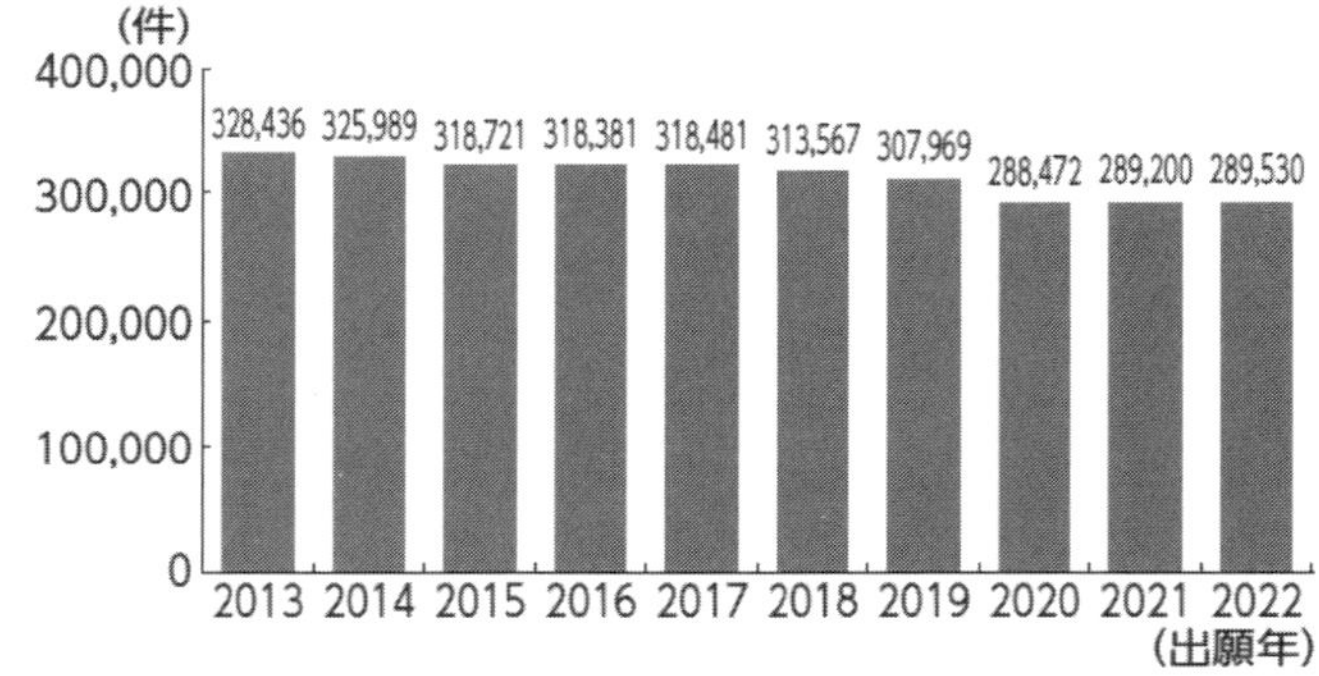

(備考)・特許出願件数は、国内出願件数と特許協力条約に基づく国際出願(PCT国際出願)のうち国内移行した出願件数(基準日は国内書面の受付日)の合計数である。
(資料)・第2部第1章1.を基に特許庁作成。

図5－1　日本国特許庁への特許出願件数の推移

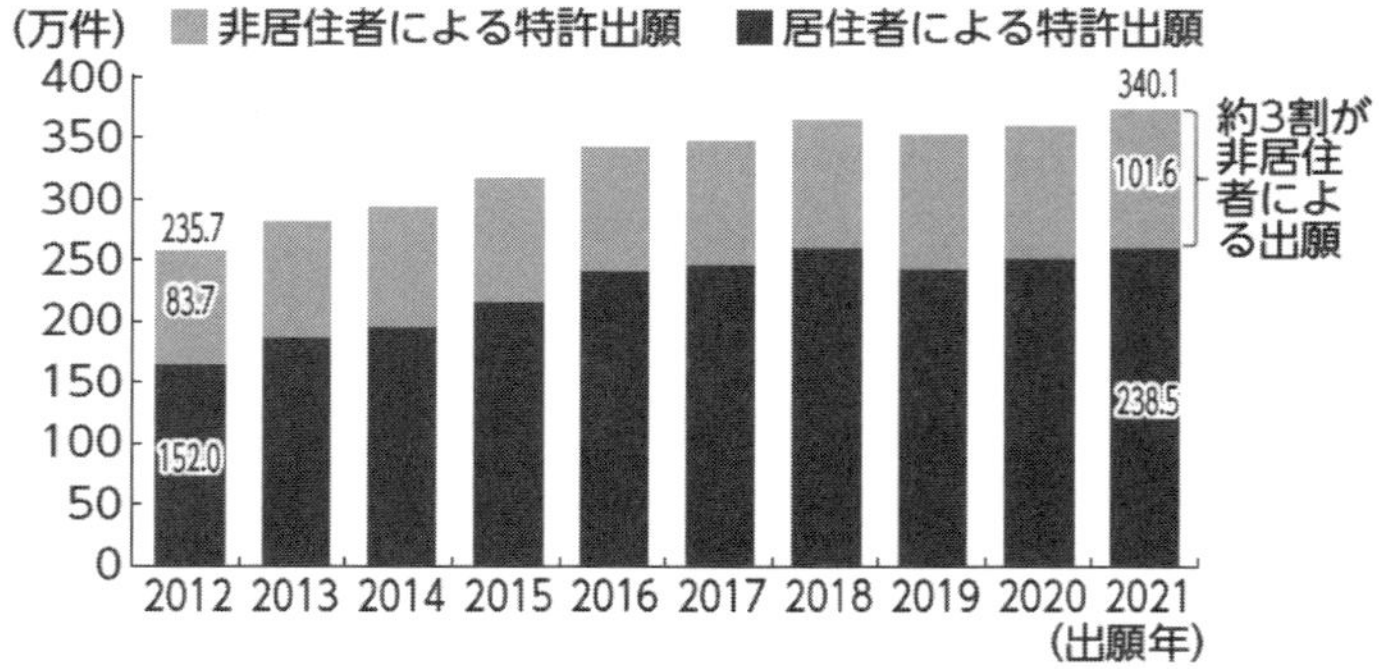

(資料)・WIPO Intellectual Property Statisticsを基に特許庁作成。

図5－2　世界の特許出願件数の推移

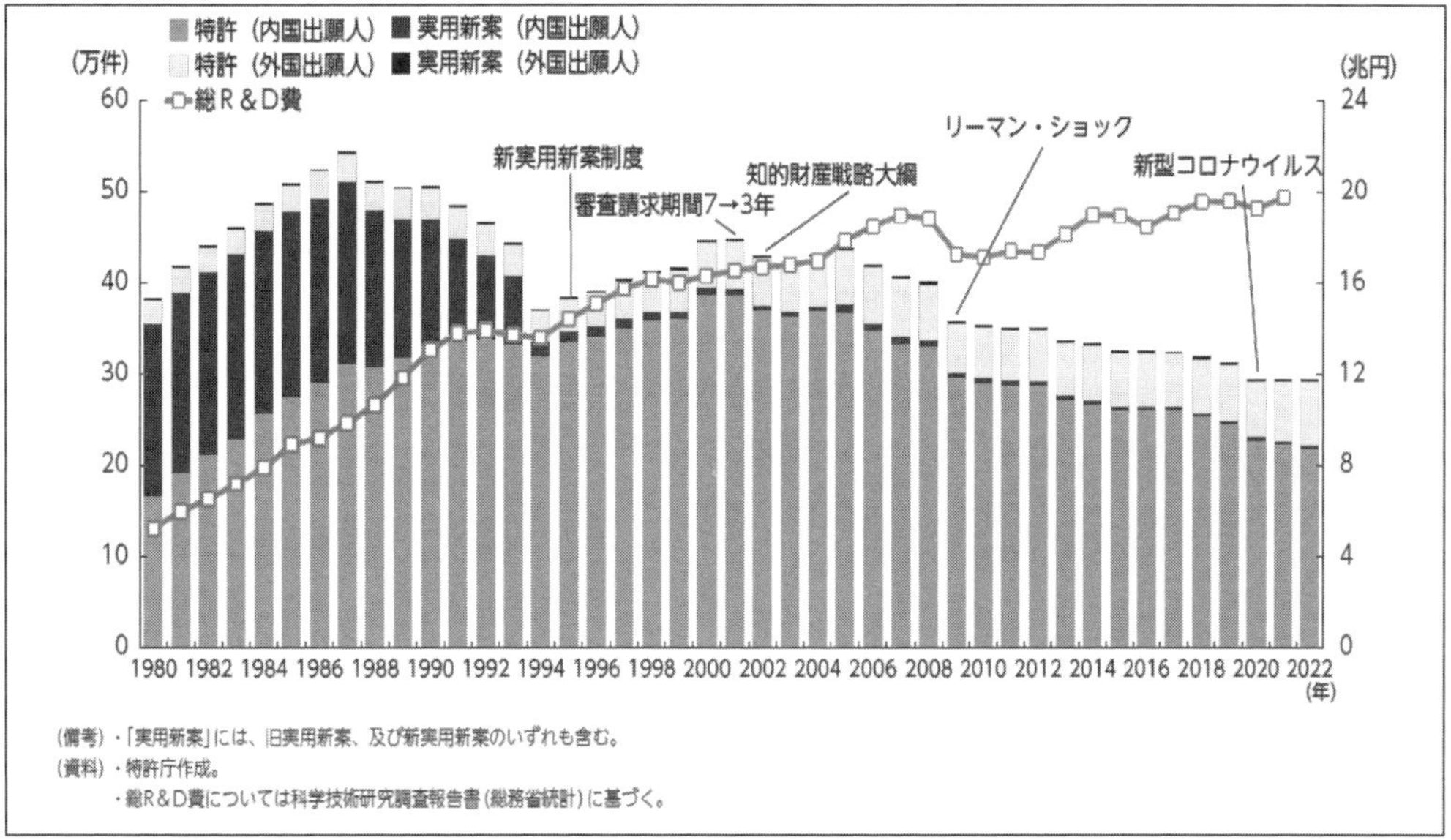

図５-３　特許出願・実用新案登録出願の件数および総研究開発費の推移（棒グラフの下から順に、特許（内国出願人）、実用新案（内国出願人）、特許（外国出願人）、実用新案（外国出願人）、折れ線グラフは総Ｒ＆Ｄ費を示す。）

総研究開発費（総R&D費）は増加傾向にある一方で、日本国特許庁への特許出願件数は、減少傾向にあり、2020年以降、30万件未満のままで推移しています。

世界の特許出願件数が増加傾向にある主な理由は、中国人による中国国家知識産権局（CNIPA：中国の特許庁）への特許出願件数が増加しているためです。

「図5-4　世界の特許出願件数の推移の内訳」および「図5-5　五庁における特許出願件数の推移」によれば、2018年〜2022年において、各国・領域の特許庁への特許出願件数の順位は、次の通りです。

第1位　中国国家知識産権局（CNIPA：中国の特許庁）
第2位　米国特許商標庁（USPTO：米国の特許庁）
第3位　日本国特許庁（JPO）
第4位　韓国特許庁（KIPO）

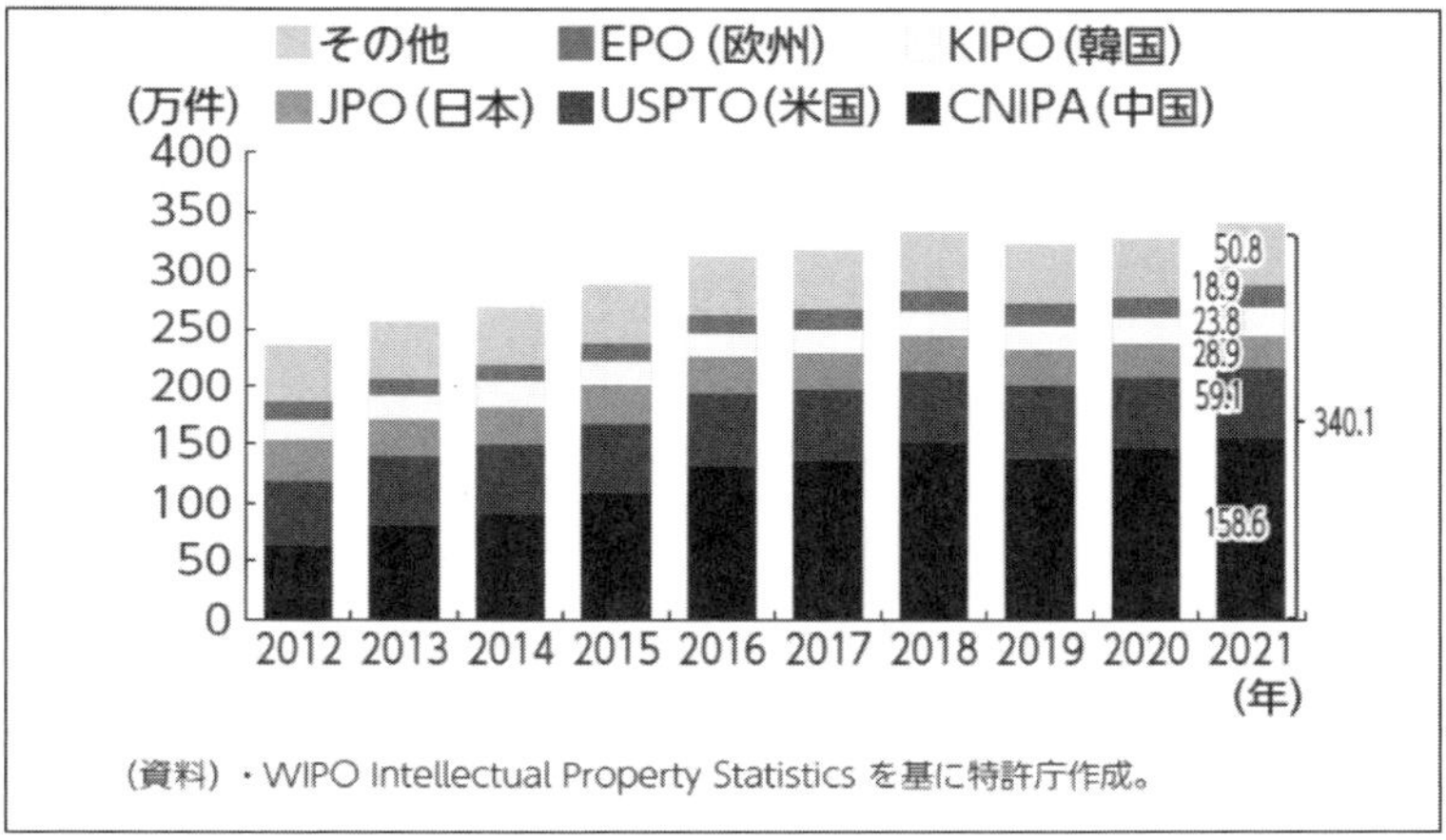

図５-４　世界の特許出願件数の推移の内訳（棒グラフの上から順に、その他、EPO（欧州）、KIPO（韓国）、JPO（日本）、USPTO（米国）、CNIPA（中国））

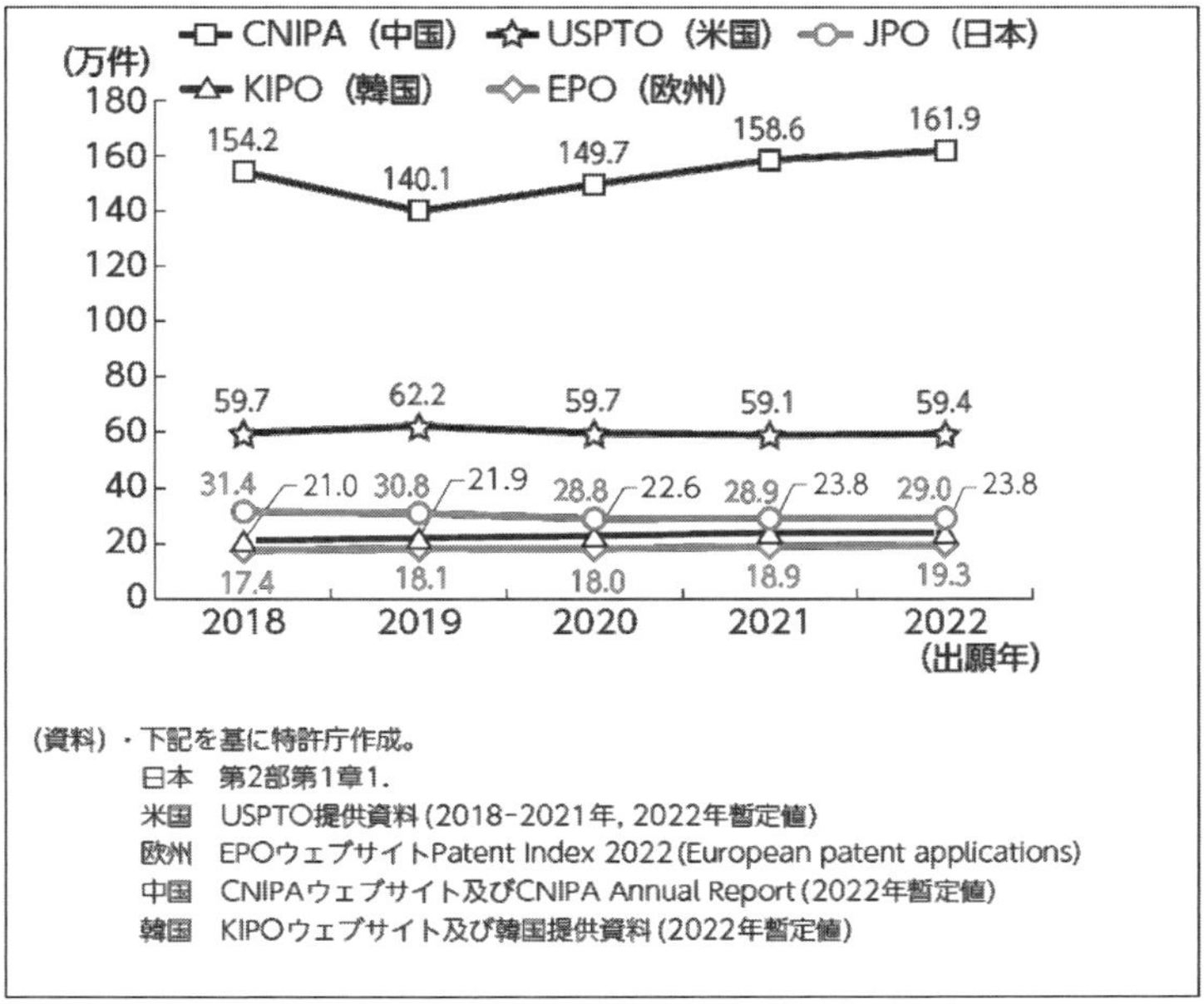

図５-５　五庁における特許出願件数の推移

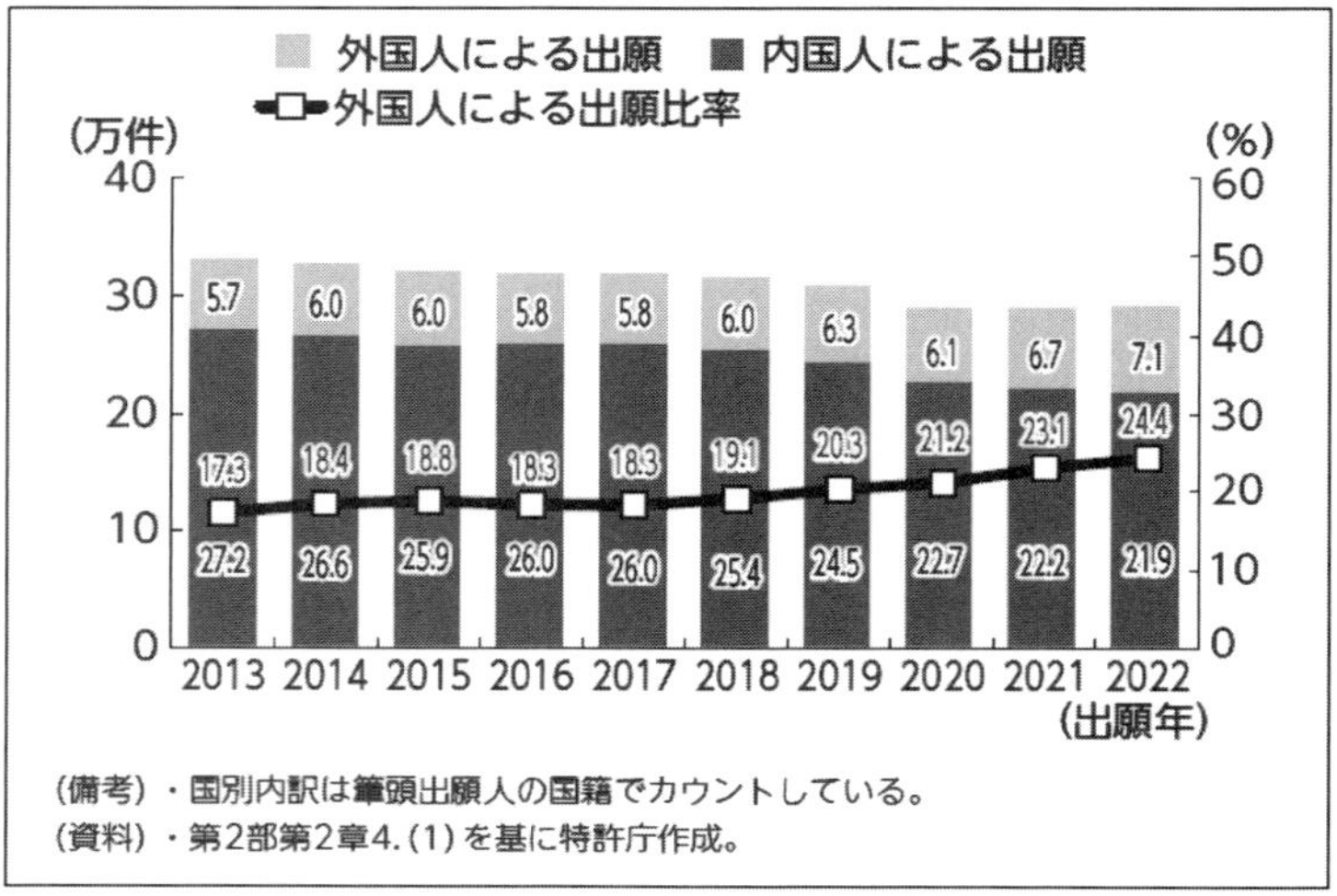

図5-6　日本国特許庁における特許出願構造

第5位　欧州特許庁（ＥＰＯ）

２０２２年において、日本国特許庁（ＪＰＯ）への特許出願件数（約29・０万件）は、中国国家知識産権局（ＣＮＩＰＡ）への特許出願件数（約１６１・９万件）の約17・９％（すなわち**1／5未満**）、米国特許商標庁（ＵＳＰＴＯ）への特許出願件数（約59・４万件）の約48・８％（すなわち**1／2未満**）になっており、韓国特許庁（ＫＩＰＯ）への特許出願件数（約23・８万件）に迫られている状況です。

さらに、「図5-6　日本国特許庁にお

ける特許出願構造」によれば、**内国人（日本人）による日本国特許庁への特許出願件数は減少傾向にある一方で、外国人による日本国特許庁への特許出願件数はやや増加傾向にあります**。その結果、日本国特許庁への特許出願件数の全体に対する外国人による日本国特許庁への特許出願件数の比率は、増加傾向にあります。

これに対して、技術力に関する指標のひとつに特許出願件数があるとはいえ、特許出願をしても技術力が向上するわけではなく、経済力が向上するわけでもないという考え方があります。また、特許出願について重要なことは、「数」ではなく「質」であるという考え方があります。

日本の企業は、２０００年~２００６年に年間40万件以上の多数の特許出願をしていましたが、２００８年に起きたリーマン・ショックの頃から、「量」よりも「質」を重視する知財戦略を立ててきました。つまり、日本企業は、リーマン・ショックの頃から今日まで、「量」から「質」への転換を図り、特許の「質」を重視して特許出願件数を減らす知財戦略を立ててきました。

私は、特許出願について、「量（数）」よりも「質」を重視する知財戦略には一定の理解を示します。

特許は「数」も重要!!

それでも「数」の力は強大です。

「質」を求めすぎて「数」を減らせば、目標とする数や必要とする数を達成できなくなります。時の政権で「一番じゃなきゃダメですか？ 二位じゃダメなんでしょうか？」という発言もありましたが、二位を目指していたら、二位さえ実現できません。一位を目指していても一位になれないほど、技術力の競争は厳しいのです。

「数」が減りすぎて、「数」を再び増やそうとしても、そう簡単に「数」が増えないことがあります。「数」を減らすことに慣れてしまうと、開発者（研究者・設計者）の発明提案および知的財産部の担当者の発明発掘についていざエンジンをかけようとしてもかからないのです。

特許出願について、「質」を求めて「数」を減らすと、開発者の発明提案の意欲が低下することがあります。第４章で述べた通り、進歩性に関する拒絶理由を解消できなければ特許を受けることはできないため、進歩性に関する拒絶理由を受けたときに備え、進歩性に関する拒絶理由を解消できそうな発明のネタを特許出願前に検討しておくことは重要です。しかし、この点を求めすぎると、発明を提案しようとする開発者の意欲が低下します。

第1章で述べた通り、私は、特許業界に足を踏み入れる前、設計者として新機種の設計業務に携わっていました。私は、入社3～4年目の頃、社内の新機種の開発説明会において、私の所属部署が担当する機構・構造について他の部署の方々に発表する機会がありました。新機種の開発説明会に出席していた他の部署の方々としては、設計部の中の他の設計チームはもちろんのこと、例えば商品企画部、生産技術部、試作部、品質保証部、知的財産部など様々な部署の方々がいました。

新機種に採用予定の機構・構造について私が一通り説明すると、開発説明会に出席していた方から「その構造は、ウチの会社の製品で過去に採用されたことはあるのか?」という質問を受けました。私が「いいえ、ありません。ウチの会社では初めての試みです。」と回答すると、その方から「ダメじゃないか!」と指摘を受けました。さらに、その方から「その構造は、他社の製品で採用されているのか?　例えば○○(その業界のリーディングカンパニー)とか。」という質問を受けました。私が「いいえ、ありません。他社でも採用されていない構造です。」と回答すると、その方から「ダメじゃないか!」と指摘を受けました。私は、自社でも他社でも過去に採用されたことがない構造だからこそ、採用してチャレンジする価値があると思ったのですが……。

また、別の機会に、新機種に採用予定の機構・構造について特許出願をしようということになり、社内で打ち合わせをしましたが、「ここがダメ。」、「あそこがダメ。」、「こんな機構・構造は、特許出願に値しない。」というダメ出しの連続です。

私が非常にお世話になった会社ですので、その会社を批判するつもりは全くありませんが、**これでは、チャレンジ精神が減退します。発明を提案しようとする意欲が低下します。**私は、今となってみれば当時20代半ばで浅はかな考えを持っていたことを自覚していますが、当時思ったことは、「もう、発明提案なんてやめよう。ただでさえ、設計業務で忙しいのに、なぜ、あのような言い方をされてまで発明提案をして特許出願をしなければならないのか。特許出願のために発明を提案することなんかやめて、設計業務に専念した方がいい。俺の仕事は、特許出願をすることではなく、部品等を設計し、新機種の製品を世の中に送り出すことだ！」ということでした。

第1章で述べた通り、設計者は、設計業務で忙しい日々を過ごしています。研究者だって、同じです。企業におけるコンプライアンスが重視されている本書執筆中の２０２４年において、「朝早くから夜中まで仕事をすることは当たり前で、徹夜をして家に帰ることができない日も多々ある」などということはほとんどないと思いますが、それでも、開発者は、忙しい日々を過ごしています。だからこそ、第２章で述べた通り、私は弁理士になろうと決心したのです。

このように、特許出願について、「質」を求め過ぎて「数」を減らすと、発明を提案しようとする開発者の意欲が低下します。**これは、発明の源泉が絶たれている状態です。発明の源泉は、開発者の脳および心（躍動感（ワクワク感）、意気込み）など、開発者の内側に存在しています。発明の源泉が絶たれた状態では、日本の技術力・経済力が低下することは必然です。**

特許における「質」とは何か？

また、「質」を重視すると言いますが、「質」の良し悪しは、どのような基準に基づいて判断されるのでしょうか。特許の質の評価方法について、さまざまな観点から分析・報告がなされていることは、私も認識しています。例えば、拒絶理由通知書において引用された回数（被引用数）、情報提供の有無、特許異議の申立ての有無、特許無効審判の有無など、さまざまな指標を用いた特許の質の評価方法が提案されています。

しかし、特許の質という概念は、例えば企業の技術動向、特許庁の審査・審判動向、裁判所の判断動向など、その時代の情勢・状況に応じて変化するものであり、一義的に決まるものではありません。また、提案・運用されている特許の質の評価方法は、特許出願をした後、あるいは特許権を取得した後に判明する指標に基づいており、特許出願前の指標に基づいているわけではありません。つまり、提案・運用されている特許の質の評価方法は、発明を完成させた時点や特許出願をする時点における「発明の質」を評価する方法ではありません。

特許出願前に「発明の質」を評価することがいかに困難であるかについては、企業の知的財産部の担当者が日々痛感していることと思います。また、自社が質の低い発明だと思ったとしても、他社にとっては脅威になる発明も存在します。さらに、質が低いと思っていた発明が化けて有力な特許になったり、一方で、質が高いと思っていた発明が有力な特許にならなかったりすることもあります。**発明を完成させた時点や**

特許出願をする時点において、発明の質の良し悪しを評価することは、一筋縄ではいきません。

誤解を招くことがないように伝えておきますと、私は、決して、特許の質を評価することが不要であるとか無意味であるとか、そういうことを言いたいのではありません。また、提案・運用されている特許の質の評価方法を批判する意図も全くありません。提案・運用されている特許の質の評価方法は、とても有益であり、私自身、とても注視しています。

さらに、特許の質という概念がその時代の情勢・状況に応じて変化するからと言って、特許出願をする際に発明の内容を軽く見ているなどということは絶対にありません。特許権の存続期間は、原則、特許出願の日から20年です。弁理士は、5年後、10年後、20年後の様々な動向を予測し、発明者が発明した技術内容をクライアントの財産として適切に保護できるための特許明細書作成等を真剣に行っています。企業の知的財産部の担当者は、5年後、10年後、20年後の様々な動向を予測し、発明者が発明した技術内容を自社の財産として適切に保護できるための発明発掘および出願方針決定を真剣に行っています。

日本の技術力・経済力向上のための「数」

私は、むやみやたらに特許出願をして特許出願件数を増やしましょうと言っているのではありません。**私は、特許出願について、「質」を求め過ぎて「数」を減らすことで、発明を提案しようとする開発者の意欲が低下し、発明の源泉が絶たれることを心配しているのです**。開発者の発明提案の意欲が低下し、発明の源泉が絶たれることは、今後の日本の技術力・経済力にとって良い流れであるとは思えません。私は、たとえ間接的であっても、特許出願件数が今後の日本の技術力・経済力の向上につながると信じています。

5-2 発明者および知的財産部担当者の士気

それでは、発明の源泉から発明が湧き出るようにするためには、どのようにすればいいのでしょうか？　開発者の発明提案の意欲を向上させるためには、どのようにすればいいのでしょうか？　日本国特許庁への特許出願件数が、世界の特許出願件数と同様に、増加傾向に転じるためには、どのようにすればいいのでしょうか？

発明補償制度の整備

第1章で述べた通り、設計者は、華やかなイメージとは異なり、泥臭く過酷な仕事を行っています。それでも、設計者は、自分自身の脳で考え抜いて設計した部品が搭載された製品、および今まで世の中に存在しなかった部品が搭載された製品が世の中に出ることの喜びを味わうことができます。また、自分自身の脳で考えた発明が特許になると、自分自身の脳で考えた発明の痕跡を特許権という形で世の中に残すことができたり、自分自身の名前を発明者として世の中に残すことができたりします。このときに味わう喜びは、泥臭くてもただひたすら設計者として頑張ってきたからこそ味わうことができる喜びであり、他の何にも変えられない喜びです。

そのため、開発者の発明提案の意欲を向上させるためには、企業における発明補償制度を整備することが重要です。大企業については、発明補償制度を整備している企業がほとんどであると思います。一方で、中小企業・ベンチャー企業・スタートアップ企業については、発明補償制度を整備していない企業も多いと思います。大企業だけではなく、中小企業・ベンチャー企業・スタートアップ企業においても、企業における発明補償制度を整備することが重要です。

発明補償制度の内容については、各企業において様々であると思いますが、（1）出願補償金、（2）登録補償金、（3）実績補償金を発明者に支払うことが多いようです。

出願補償金は、特許出願を契機として発明者に支払われます。知的財産部が存在する大企業の場合でも、出願補償金の金額を決定することは一筋縄ではいかないと思いますが、特許出願に係る発明を3段階~5段階程度にランク分けをして、出願補償金の金額を決定することが多いようです。例えば、Aランクの発明：10万円、Bランクの発明：7万円、Cランクの発明：5万円、Dランクの発明：3万円、Eランクの発明：1万円などのように、特許出願に係る発明のランク分けを行い、出願補償金の金額を決定します。

登録補償金は、特許権の設定登録を契機として発明者に支払われます。第3章で述べた通り、特許出願をしたからといって、必ずしも特許権を取得できるとは限りません。特許権の設定登録がされた、すなわち特許権を取得できたということは、特許出願に係る発明が素晴らしい発明であったことの証です。登録補償金の金額の決定方法についてては、出願補償金の金額の決定方法と同様に、特許発明のランク分けを行い、登録補償金の金額を決定することが多いようです。

実績補償金は、自社が特許発明を実施した場合および特許権について他社に実施権（ライセンス）を許諾した場合、発明者に支払われます。知的財産部が存在する大企業の場合でも、実績補償金の金額を決定することは一筋縄ではいかないと思いますが、自社が特許発明を実施した場合には、売上高を基準にして実績補償金の金額を決定したり、利益（例えば限界利益、純利益など）を基準にして実績補償金の金額を決定したりすることが多いようです。しかし、売上高および利益に対する特許発明の寄与度・貢献度を明確にすることは容易ではないため、実績補償金の金額を決定することは一筋縄ではいきません。特許権について他社に実施権を許諾した場合には、実施料（ライセンス料）を基準にして実績補償金の金額を決定することが多いようです。

なお、設計者の職務は設計をすることであり、研究者の職務は研究をすることであるから、職務遂行の過程で生まれた発明について特許出願をして特許権を取得したことに対して、出願補償金および登録補償金を発明者に支払う必要はないのではないか、という考え方があります。しかし、発明者の士気を高め、開発者の発明提案の意欲を向上させ、今後の日本の技術力・経済力を向上させるために、出願補償金および登録補償金を発明者に支払うことが望ましいです。

私は、自分自身が最前線で考えたはずの発明について筆頭発明者になれないという悔しい思いをしましたが、出願補償金、登録補償金、実績補償金を会社から受けることができた点については、本当に感謝しています。私の記憶が正しければ、毎年の年末に数万円程度の実績補償金を受けていました。1年間で数万円程度の実績補償金とはいえ、どんなに苦しくても、ただひたすら前だけを見て設計者として頑張ってきたことが認められた気持ちになり、とても嬉しく思えたことを今でも覚えています。

私が設計者だった頃に諸先輩方から聞いた話によれば、あるベテラン設計者は、出願補償金、登録補償金、実績補償金の合計額として1年間で100～200万円を会社から受けていたそうです。この話は、日本国特許庁への特許出願件数が年間40万件以上だった頃（２０００年～２００６年の頃）の話です。開発者が、これだけの大金を1年間で会社から受けるために、毎年多数の特許出願を続け、多数の存続中の特許権について発明者になることは決して容易なことではありませんが、企業の発明補償制度で年間１００～２００万円の補償金を会社から受けることができれば、開発者の発明提案の意欲が向上し、発明の源泉が絶たれることはないように思います。

知的財産部への評価の見直し

また、日本国特許庁への特許出願件数が増加傾向に転じるための1つの方策として、企業における発明補償制度をさらに拡充することが重要であると思います。

第2章で述べた通り、企業の知的財産部の担当者は、どのようにして発明を発掘し、どのような出願方針を決定すれば、発明者が発明した技術内容を自社の財産として適切に保護できるかを特許出願前にプロ意識を持って真剣に考えています。

また、企業の知的財産部の担当者は、特許出願前に発明者および弁理士と入念に打ち合わせを行い、拒絶理由を事前にある程度予想し、拒絶理由を解消可能な発明のネタを真剣に検討しています。そして、拒絶理由通知を受けた場合、企業の知的財産部の担当者は、どのような補正をして、どのような意見を主張すれば、今後の自社の事業展開において有益な特許権を取得できるのかを入念に検討しています。

発明者の発明が素晴らしい発明であったから特許権を取得できたことはもちろんですが、知的財産部の担当者が特許出願前に拒絶理由を解消可能な発明のネタを真剣に検討し、拒絶理由通知に対する適切な補正内容・意見内容を入念に検討したからこそ、自社にとって有益な特許権を取得できた数多くの例を、私は見てきました。

さらに、企業の知的財産部の担当者は、世界の最先端技術について熾烈な戦いの中で他社の知的財産部の担当者と交渉を行い、自社の特許権について他社に実施権を許諾したり、他社の特許権について実施権の許諾を受けたりしています。

企業の知的財産部の担当者は、今後の企業の運命を背負っていると言っても過言ではありません。

そこで、企業の知的財産部の担当者は、発明者と同様に補償金を受けることが望ましいと思います。企業で生まれた発明について特許出願をして特許権を取得する過程に関わっている方は、発明者だけではありません。例えば、特許出願前における発明の発掘、出願方針の決定、拒絶理由を解消可能な発明のネタの検討、および拒絶理由通知を受けた場合における補正内容・意見内容の検討、応答方針の決定など、企業で生まれた発明について特許出願をして特許権を取得する過程を支援する知的財産部の担当者の役割は、とても大きいです。

知的財産部の担当者の職務は、前述したように、特許出願前の業務、特許権取得前の業務、特許権取得後の業務であるから、職務遂行に対して補償金を知的財産部の担当者に支払う必要はないのではないかという考え方もあるとは思いますが、知的財産部担当者の士気を高め、今後の日本の技術力・経済力を向上させるために、私は、発明者と同様に補償金を知的財産部の担当者に支払うことが望ましいと思います。

特に、発明者に支払われる「（2）登録補償金」に相当する補償金を知的財産部の担当者に支払うことが望ましいと思います。登録補償金に相当する補償金は、特許権の設定登録の支援に対する補償金（登録支援補償金）であり、成功報酬という意味合いです。第3章で述べた通り、拒絶理由（特に進歩性に関する拒絶理由）を解消することは、一筋縄ではいかず、まさに、知的財産部の担当者の腕の見せ所です！

拒絶理由を解消し特許権を取得できたことは、発明者だけの功績ではなく、知的財産部の担当者の功績がとても大きいです。私は、弁理士の実務を通じて、この点を痛切に感じています。

知的財産部の担当者の提案により、拒絶理由を解消可能な発明のネタを事前に明細書・図面等に忍ばせておいたからこそ、拒絶理由を解消し特許権を取得できたことがあります。知的財産部の担当者が、今後の自社の事業展開および技術動向を考慮し補正内容・意見内容を検討したからこそ、拒絶理由を解消し特許権を取得できたことがあります。知的財産部の担当者が、発明者および自社のことを思う気持ちがあったからこそ特許権を取得できたと思える例を、私は何度も見てきました。

発明者に支払われる代表的な３つの補償金（出願補償金、登録補償金、実績補償金）のうち、せめて登録補償金に相当する補償金だけでも知的財産部の担当者に支払うような発明補償制度の拡充を図ることで、知的財産部担当者の士気が高まり、日本国特許庁への特許出願件数が増加傾向に転じる可能性が十分にあると思います。

5-3　これからの日本の技術力

本章の冒頭において、世界の中で日本の技術力の低下がささやかれている点を述べました。しかし、私は、日本の技術力が低下したとは、決して思っていません。米国および中国の技術力が強大になっていることは事実であると思いますが、日本の技術力が米国および中国の技術力から周回遅れの状況であるとは、決して思っていません。各国の弁理士と意思疎通を図っていても、各国の弁理士が日本の技術力に注目していることを感じ取ることができます。

日本の技術力が米国および中国の技術力から遅れることなく世界の最先端を行くために必要な要素の1つが、知財戦略であると信じています。

技術が高度化・複雑化した現代において、広い技術的範囲の発明について特許権を取得することは困難であり、たとえ特許権を取得できたとしても1つの特許権により企業の技術力の範囲を守り抜くことは困難です。たとえ狭い技術的範囲の発明であっても特許権を持つことが重要であり、さらに複数の特許権を持つことが重要です。複数の特許権を取得し、特許権の群を形成して企業の技術力の範囲を守り抜くのです！周囲の堀（複数の特許権）が天守閣（企業の技術力の範囲）を守り抜いているイメージです。

「質」も重要ですが、「数」の力は強大です。

数百件以上あるいは数千件以上の特許権のリストが送られてきて、「貴社製品の販売行為等が当社の特許権を侵害しています」という趣旨の連絡を受ける例があります。

これだけでは、自社のいずれの製品の中のいずれの部品等が、リスト中のいずれの特許権を侵害しているのか分からないため、冷静に対処すればいいのですが、実際に連絡を受けた企業は、冷静ではいられないようです。この例のように、相手（特に外国企業）は、「数」で攻撃してくることがあります！

知財戦略および知財活動は、費用対効果が見えにくい分野です。

不謹慎な例えかもしれませんが、知財戦略は、防衛戦略に例えられることがあります。防衛戦略の趣旨および基本方針は、自国の領土・領海・領空を断固として守り抜き、自国の安全保障を確保すること、すなわち国民の命と平和な暮らしを守り抜くことです。そのため、防衛戦略の結果として最善の状態は、戦争のない平和な時、すなわち平時です。「今の日本では戦争が起きていないから、すなわち今の日本は平和だから、防衛戦略および防衛力は全く不要である」などと考える人はいないと思います。

知財戦略も同じことです！　知財戦略の趣旨および基本方針は、国家が領土・領海・

領空について主権を有するのと同様に、自社の技術について特許出願をして特許権（企業の技術的主権）を取得し、自社の技術力の範囲（縄張り）を守り抜くことです。つまり、誰にも邪魔されずに自社の技術を実施すること、すなわち自社の技術の実施を確保することが重要です。知財戦略の結果として最善の状態は、他社から特許権に基づいて警告を受けたり、差し止めや損害賠償を請求されたりすることのない平和な時、すなわち平時です。

このように、プラスでもマイナスでもないゼロの状態（平常の状態）が最善の状態であるため、知財戦略は、費用対効果が見えにくいのです。自社は、今、他社から特許権に基づいて警告を受けたり、差し止めや損害賠償を請求されたりしていない平和な時だから、自社において知財戦略は不要であるという考えを持っていれば、その考えを改めるべきです。

特許権（企業の技術的主権）を持たずに自社技術を実現・実施するのは、武器を持たずに戦場で戦うのと同じことです。大企業はもちろんのこと、中小企業・ベンチャー企業・スタートアップ企業はなおさらのこと、知財戦略を強化し、自社の技術について特許出願をして特許権（企業の技術的主権）を取得し、自社の技術力の範囲（縄張り）を断固として守り抜くことが大切です。

世界は、日本の技術および貴社の技術を狙っています。

あとがき

私は、設計者を辞めて弁理士になった今、弁理士の業務を通じて、発明者および知的財産部の担当者など技術系に携わる方々と触れ合うことで、躍動感（ワクワク感）に溢れ刺激的な毎日を送っています。

一方で、手足を動かし自分自身の脳で考え抜いて部品を設計する設計者の仕事には、今でも魅力を感じます。設計した部品が搭載された製品が世の中に出たときの感動を今でも忘れることができません！

設計者の仕事はとても魅力的ですが、今思うと、あのときの精神状態は限界だったように思います。

私が設計者だった頃を振り返ってみると、多少なりとも私の偏見が含まれているとは思いますが、技術系に携わる人達が、冷遇されていたように思えてなりません。技術系に携わる人の中には、高い技術を持っている一方で寡黙な人も多く、誤解されやすい人も多いです。

コミュニケーション能力の向上など改善すべき点はあると思いますが、決して、チャレンジ精神の減退および発明提案の意欲の低下を招くことがないよう、技術系に携わる人達の待遇を改善すべきときが来ていると思います。技術系に携わる人達に光が当たる時代が来ることを望みます。発明の源泉が絶たれてしまっては、今後の日本の技術力・経済力にとって明るい未来は存在しません。

今こそ、日本の本気を見せるときです！

本書が、研究部、設計部および知的財産部などの技術系の現場で働く人達をはじめ、日本中に躍動感を与え、日本が技術大国・技術先進国に復活するためのきっかけを作ることができれば幸いです！

日本中から躍動感が溢れ出し、日本の技術力が世界の中で先頭を走り続けていくことを願ってやみません！

最後になりましたが、大学時代の後輩である豊福公平氏は、本書の執筆のきっかけを作り、私の背中を押してくださいました。

ビジネスパートナーの弁理士／名塚聡先生、弁理士／生富成一先生は、本書の執筆について私に勇気を与え、心の支えになってくださいました。

妻をはじめ、私の家族は、私が限界になったときも、設計者を辞めて特許業界に足を踏み入れるときも、特許事務所を設立して独立するときも、私に理解を示し、私を支えてくれました。

心より感謝を申し上げます。

２０２５年４月　芳野理之

参考文献

［書籍］

葛西泰二『特許出願のクレーム作成マニュアル』オーム社、２０１２年

茶園成樹編『特許法』有斐閣、２０１３年

高橋政治『ノウハウ秘匿と特許出願の選択基準およびノウハウ管理法』経済産業調査会、２０１７年

高橋淳『改訂版　職務発明規定変更及び相当利益決定の法律実務』経済産業調査会、２０１６年

深津拓寛・松田誠司・杉村光嗣・谷口はるな『実務解説　職務発明』商事法務、２０１６年

［ウェブサイト］

特許庁「特許行政年次報告書２０２３年版」特許庁サイト、２０２４年１月22日

https://www.jpo.go.jp/resources/report/nenji/2023/index.html（参照：２０２４年5月15日）

特許庁「令和４年度知的財産活動調査」特許庁サイト、２０２３年7月28日 https://www.jpo.go.jp/resources/statistics/chizai_katudo/2022/index.html（参照：２０２４年5月15日）

特許庁「中小企業の知的財産活動に関する基本調査報告書」特許庁サイト、２０１９年４月26日 https://www.jpo.go.jp/resources/report/chiiki-chusho/report_chusho_chizai.html（参照：２０２４年5月15日）

特許庁「特許料等の減免制度」特許庁サイト２０２４年7月10日 https://www.jpo.go.jp/system/process/tesuryo/genmen/genmensochi.html（参照：２０２４年5月15日）

特許庁「２０１９年４月１日以降に審査請求をした案件の減免制度（新減免制度）について」特許庁サイト、２０２４年４月８日 https://www.jpo.go.jp/system/process/tesuryo/genmen/genmen20190401/index.html（参照：２０２４年５

月15日）

特許庁「審査請求料の減免制度の改正（令和６年４月１日施行）に関するお知らせ」特許庁サイト、２０２４年1月31日 https://www.jpo.go.jp/system/process/tesuryo/genmen/genmen_240131.html（参照：２０２４年5月15日）

特許庁「登録調査機関について（先行技術文献調査のプロ集団）」特許庁サイト、２０２４年3月29日 https://www.jpo.go.jp/system/patent/gaiyo/sesaku/toroku/toroku_chousa.html'（参照：２０２４年5月15日）

特許庁「特定登録調査機関について」特許庁サイト、２０２４年３月29日 https://www.jpo.go.jp/system/patent/gaiyo/sesaku/toroku/tokuteitouroku_01.html（参照：２０２４年5月15日）

一般財団法人工業所有権協力センター「②特定登録調査」一般財団法人工業所有権協力センターサイト、２０２４年２月１日 https://www.ipcc.or.jp/business/ipcc-service/specific/（参照：２０２４年5月15日）

株式会社技術トランスファーサービス～特定登録調査機関制度のご案内～出願公開前

に先行技術調査報告を得られる制度（２０２１年10月28日）」株式会社技術トランスファーサービスサイト，２０２１年10月28日，https://www.tectra.jp/post-2880/（参照：２０２４年５月15日）

株式会社ＡＩＲＩ「特定登録調査機関サービス」株式会社ＡＩＲＩサイト、２０２３年７月24日、https://www.airi-ip.com/srr-org/（参照：２０２４年５月15日）

アイピー・サーキット合同会社「量から質への転換？」アイピー・サーキット合同会社サイト、２０２３年６月20日 https://www.ipcircuit.com/contents02/36（参照：２０２４年５月15日）

アイピー・サーキット合同会社「特許は質が高ければ件数は重要でない？」アイピー・サーキット合同会社サイト、２０２３年６月20日 https://www.ipcircuit.com/contents02/11（参照：２０２４年５月15日）

株式会社イーパテント「日経のＩＰランドスケープ記事について考えてみた：特許の量と質の議論」note，２０２０年５月４日 https://note.com/anozaki/n/ndf9dff7da80c，（参照：２０２４年５月15日）

【著者略歴】

芳野 理之（よしの・みちゆき）

弁理士法人芳野国際特許事務所
代表弁理士・特定侵害訴訟代理人

機械分野・電気分野において、日本国特許庁への特許出願・中間手続に関する業務、外国への特許出願・中間手続に関する業務、特許侵害予防調査（パテントクリアランス調査）・特許無効資料調査に関する業務、見解書・鑑定書に関する業務、特許異議の申立て等に関する業務を中心とした特許実務に従事。

私は、「ものづくり」に携わった発明者のうちの一人でした。
発明に携わる方々の気持ちを理解し、ワクワク感（躍動感）を大切にしつつ、ひとつひとつの発明を大切に育てていきたいと思っています。

【略歴】

1999 年　九州大学工学部機械工学科卒業
2001 年　九州大学大学院工学研究科知能機械システム専攻修了
2001 年　株式会社日立製作所入所
2007 年　横浜市内特許事務所入所
2013 年　弁理士登録
2015 年　芳野国際特許事務所創業
2020 年　特定侵害訴訟代理業務付記
2022 年　弁理士法人芳野国際特許事務所設立

組版・装幀：北原 舟
校正協力：小柳津まさこ
編集協力：家入祐輔
編集：蝦名育美

技術と経営を守る「知財」のしくみ
──日本を活気づける特許取得へ！

初版1刷発行　2025年4月21日

著　者　芳野理之
発行者　小川泰史
発行所　株式会社Clover出版
〒101-0051　東京都千代田区神田神保町2丁目3-1
岩波アネックスビル　LEAGUE301
TEL 03-6910-0605
FAX 03-6910-0606
https://cloverpub.jp
印刷所　三松堂株式会社

ISBN978-4-86734-250-3 C0034